U0689641

民國 嵊縣志

4

紹興大典

史部

中華書局

嵊縣志卷二十

列女志

節孝二

王嘉熾妻夏氏年十九夫死守志姑病刲股以療之

丁昇朝妻張氏年二十八夫死撫孤

竺師貴妻王氏年三十二寡守志三十九年

竺廷忠繼妻葉氏年三十一寡事孀姑撫前室子恩勤備至

謝進泰妻袁氏年二十八夫死苦志撫孤

過廷份妻錢氏年三十二寡苦志育孤以節聞

過永繼妻邢氏年二十九寡以節終

陳德芳妻陸氏年二十一寡守節五十二年

劉漢珏妻呂氏早寡苦節三十餘年

姚敬文妻竺氏年二十四夫亡遺二子撫之成立臨歿謂二子曰
　吾今日可見汝父于地下汝能敬伯叔友兄弟吾目瞑矣
周學文妻史氏年二十九寡卒年六十六
周連奎妻張氏年二十二寡卒年八十一
張世祿妻王氏年二十四寡無子繼族姪爲嗣
宋咸吉妻唐氏年十八夫亡守志
過葉榮妻黄氏年三十一寡以節自誓
錢芳庚妻周氏年二十七寡無子繼姪爲嗣奉姑至孝以遐壽終
張廷望妻尹氏年二十八寡守節四十五年
吳維凝妻王氏年二十七寡守節二十餘年
吳宗元妻沈氏年二十七夫亡守節
趙繼文妾馬氏年二十八繼文亡子景武纔七歲與嫡張共撫之

後嫡死持家辛勤動無踰禮卒年八十八
王愷臣妻張氏年二十八寡守節至七十三歲卒
唐思孝妻金氏年二十八守節撫子
鄭心妻趙氏年十九夫亡子甫四月隨舅赴廣東任舅卒扶柩歸
　辛苦萬狀守節四十餘年
俞其芳妻張氏早寡守節五十一年
俞積秀妻周氏年二十九夫亡子幼無立錐地有勸之嫁者輒奉
　主而泣
唐人贊妻俞氏年二十九寡以節終
王志灼妻魏氏年二十三夫亡舅姑廢病在牀褥者五年奉養不
　倦守節五十五年
王世昌妻黃氏年三十寡以節孝著

鄭崇道妻房氏年二十六夫亡守節三十六年
鄭珠妻宋氏年二十八寡守節三十四年
鄭一貫妻李氏年三十八寡守節三十四年
鄭楠妻徐氏年二十四寡守節四十年
鄭存仁妻朱氏年二十六夫死守節三十八年
何學信妻葉氏年二十四寡守節至八十四而卒女六姑媳茹氏
俱以節著
王家遜妻沈氏年二十五寡卒年七十三
張德安妻葉氏年二十八寡撫子榮昌
張榮昌妻俞氏早寡遺腹子仁開
張仁開妻俞氏年三十四寡卒年七十四
馬世發妻宋氏年二十七寡事親撫孤

貢生喻經邦女大姑以親老弟幼不字聞議婚輒涕泣父從其志勤女紅以佐日用毋病刲股者二父病刲股一終身疏布卒年五十七

陳懷德妻沈氏年二十七寡守節四十二年

章道樑妻任氏年三十九寡守節三十九年

陳世貴妻張氏年二十三寡卒年七十三

錢士璐妻張氏年二十一寡守志以終

史積金妻過氏年三十五寡卒年七十一

袁建奎妻張氏早寡茹苦完貞

袁肇金建奎子妻張氏年三十五寡

袁建祥妻張氏年二十八夫亡守節

黄正繡妻宋氏

黄錦嵩妻張氏以上二人俱青年矢志以節著
鄭仍偉妻許氏年二十三寡守節二十餘年
邢懷珍繼妻錢氏年二十七夫亡守節四十三年
王貴芳妻徐氏年二十八寡以禮自守
童師周妻方氏夫亡守志以清白著
竹榮漢妻童氏年二十六寡以節終
周海潮妻竹氏年二十一寡以節卒
徐兆捷妻童氏
徐元震妻吴氏以上三人俱以節著
王汝潮妻黄氏年二十五寡以高壽終
趙承堯妻鄭氏年二十八寡家貧撫孤
陳奇相妻邱氏年二十七寡

陳奇明妻趙氏年二十八俱以節著

陳倫端妻吳氏年二十四夫亡矢志

吳嘉銘妻周氏年三十寡守節五十餘年撫子金華居一都岬㙦

莊

裘發瑭妻葉氏年二十四寡守節以終

史兆威妻錢氏年二十六寡以高壽終

郭作霦妻錢氏年三十六夫死守志

諸生張廷瓚妻周氏年二十四夫亡無子撫姪啓恆爲嗣

張啓恆妻宋氏年二十六寡善繼姑志撫未周孤成立

張啓敬妻王氏年二十六寡以節著

葉榮端妻謝氏年二十九夫死守志

周國鈖妻俞氏年二十四寡以節著

周朝俊妻陳氏年三十二寡以高壽終
史在傑妻周氏年二十七夫死植節
丁華頂妻呂氏年二十八夫死守節
魏功相妻王氏年二十四寡家貧撫孤敬事舅姑卒年七十
諸生鄭之艮妻唐氏年二十六寡
王乘黄妻黄氏年二十三寡以高壽終
李天祚妻袁氏年二十三寡
儒士錢昌彪妻張氏年二十六寡上有邁翁下無子女孑焉一身
卒以節著
竹培妻尹氏年二十八寡以節孝著
張必元妻俞氏早寡守節三十五年而卒
錢登義妻裘氏年二十寡

張日星妻黄氏年二十九寡

黄孝遜妻王氏年二十七寡守節五十五年

盧應軫妻錢氏年二十四夫亡遺孤纔數月家貧奉姑撫子矢志

堅貞

盧立元妻竺氏年二十八夫亡子幼苦節能貞

趙業任妻史氏年二十四夫亡矢志

李鳳德妻魏氏年二十六寡卒年五十五

童金龍妻徐氏年三十四夫亡撫孤

徐文元妻俞氏年三十五寡家貧撫孤

王其亨妻杜氏蘆田人年三十二寡茹苦撫孤卒年七十二

徐元芳妻竺氏年三十二寡以節孝著

王朝鋌妻俞氏蘆田人年二十寡教子成立

童一德妻唐氏年二十六寡卒年八十八

俞□□妻徐氏烏坑人以節著

葛聖培妻沈氏年二十五寡矢志撫孤

張天貴妻錢氏年三十二寡卒年七十三

應逢槐妻周氏年二十六夫死守節

監生錢象青妻尹氏年三十五寡

袁秉旭妻倪氏年二十寡撫遺腹孤成立卒年六十七

魏敬宗妻葉氏年三十寡卒年七十九

魏敦乾妻章氏年二十一夫亡子方三月家貧矢志撫孤

王方瓚妻陳氏蘆田人年三十夫亡家貧子幼以養以教俾得成立

王方聰方瓚弟妻朱氏年二十三寡娣姒相勗俱以節著

謝兆繼妻袁氏年三十寡姑病刲股建茶亭置有田地

謝萬蛟妻張氏年二十一夫亡守志

王聰惠妻魯氏年二十二嫁未及週夫死矢志繼姪爲嗣

錢宗禎妻張氏年二十五寡事邁姑撫遺孤守節三十三年

竺欽明妻唐氏年二十二寡家赤貧撫子成立娶媳魏氏子復夭事邁翁撫弱孫朝夕饔飧全賴二氏十指

王毓榮妻單氏年三十四夫死守節

王有盈妻單氏年二十四寡事親撫孤

周家鳳妻唐氏年二十五寡遺孤纔三月撫之成立

單開鼎妻唐氏年二十二寡無子以姪爲嗣姑病刲股以療守節四十六年

單開球妻周氏年三十寡以姪爲子守節四十一年

孫孝感妻金氏年二十六寡守節二十餘年

竺友蘭妻范氏年二十五寡守節五十六年

翁大宗妻周氏年二十三寡守節撫孤

徐傳統妻馬氏年二十七寡事邁姑撫遺孤以節孝著

馬慶河妻金氏年三十五寡卒年九十八

宋世璜妻丁氏年二十三寡卒年六十五

監生錢登榜妻黄氏年三十四夫死守志卒年六十三

宋紹鏜妻張氏年三十一寡食貧自矢

張家孝妻葉氏年二十二寡

張珊桂妻黄氏年十九寡家徒四壁子甫三月撫之成立

葉榮光妻周氏年二十二寡以高壽終

袁文崧妻錢氏年三十一夫死守節

張居敬妻顏氏年三十四寡
張環妻王氏年二十九寡
張居守妻毛氏年二十七寡
張卜昌妻龔氏年三十三寡以上同族四人俱以節著
張錫圭妻潘氏年二十九寡卒年七十七
張遇清妻任氏年二十七夫亡守節
鄭紹爵妻葛氏年二十九寡守節五十餘年
茹舜臣妻葉氏年三十二寡守節四十二年卒
鄭鷴占妻張氏年二十五寡苦節以終
鄭嗣俠妻尹氏年二十七夫亡遺腹生子藉女紅撫以成立尤善
事姑守節四十三年
鄭國昌妻王氏年二十六寡家貧子幼苦節四十六年

鄭居敬妻馮氏年二十四寡家貧紡績撫孤

丁道榮妻袁氏三十寡卒年七十三

黄仁廣妻張氏年二十二守節撫孤

俞安茂妻周氏年二十二夫亡家貧操女紅以事舅姑

諸生邢廷奎妻錢氏年二十八寡

邢向凝妻錢氏年三十寡安貧自矢

邢協安妻安氏年三十夫亡守節

裘宏盛妻陳氏年二十四寡紡績度日

邢元學妻裘氏年二十四夫亡撫三月孤守節四十餘年

裘發耀妻張氏年三十一家貧撫二齡孤成立

裘元準妻金氏年二十七寡事姑撫子

裘大紀妻高氏年二十七寡家無升斗茹苦含辛上事下撫卒年

六十七

裘配湖妻韓氏年二十六夫亡守節

裘聖友妻朱氏年二十三寡守節三十五年

史文義妻沈氏年二十七寡事姑以孝

裘天吉妻朱氏年二十七寡守節四十年

裘克成妻相氏年二十九寡勤紡績事親撫孤清貧自守

任世輅妻沈氏年二十七寡撫遺孤守節四十六年

張發彬妻裘氏年二十八夫死守節

張永泰妻徐氏青年矢志撫孤成立

江聖化妻裘氏年三十夫死守節

史瑞登妻錢氏年及幷于歸甫三月而夫逝以伯子椿叔子詠爲嗣撫養成立椿爲諸生詠承世業皆氏教也

史瑞圖妻裘氏年二十六寡舅姑病日侍湯藥無少倦里人咸稱其孝
裘嗣周妻史氏早寡繼姪爲嗣娶媳韓氏亦青年矢志姑媳相依稱節孝焉
裘沛亮妻朱氏年二十七寡家貧撫孤以苦節著
史鑑妻胡氏年三十三寡妾龔氏年二十二與嫡同志且能以禮自處
裘充美妻應氏年二十三夫亡矢志
錢恆猷妻費氏年二十四寡
錢萬化恆猷子妻裘氏年二十七寡
錢世民萬化子妻陳氏夫亡矢志人稱一門三節
周之斑妻錢氏年二十七寡清操自厲享年九十親見四代

諸生周復脩妻袁氏年二十一寡撫週歲孤以教以養俾得遊庠

周日暘妻張氏青年矢志撫孤成立

周日旦妻黃氏早寡撫二子成立

周逢泰妻何氏年二十二寡撫遺孤又殤苦節以卒

周炌業妻張氏孝舅姑舅疾刲股和藥以進

周勳業妻張氏性端淑孝養舅姑姑疾刲股以療復鬻簪珥以備甘脆加餐則喜減膳則憂閱三年如一日

周爕業妻錢氏王姑病醫藥無效氏刲股和羹以進病遂愈後繼母病復刲股以療母疾

周自溫妻范氏青年矢志撫孤成立

諸生周治新妻謝氏年三十寡無子繼姪爲嗣飲冰茹蘗凡四十餘年

諸生周煌新繼妻朱氏無子勸夫置妾夫死與妾方氏矢志以終鄉里賢之

周克才妻錢氏年二十五寡撫子成立

周忠愷妻朱氏夫亡撫子復天與媳陳氏勤女紅置祀田爲亡兒立後

諸生周敬妻錢氏早寡勤儉撫孤

周方飈妻裘氏年二十九子方髫齡夫死遺腹生一子並撫以成立長遊庠次克家皆氏教也

周方梧妻裘氏姑早喪舅病瘋奉事惟謹得享高年氏之力也

周業廣妻錢氏早寡遺腹生一子三歲而殤遇雖窮冰霜之志百折不回

周德初妻徐氏年二十七寡撫孤成立

周明安妻陳氏夫亡矢志諸事稟命孀姑待姬妾如娣姒撫猶子
如己出
周貴閏妻劉氏年二十九寡家貧不以饑寒二其心
周大孝妻邢氏年二十三寡終身不聞笑語
周大節妻安氏青年矢志撫孤成立
周大謨妻張氏年二十八寡守志撫孤
諸生周國祥妻錢氏性貞靜好施與夫亡矢志撫孤成立
諸生周逢起妻錢氏于歸五年夫亡教二子有歐母風
周大德妻邢氏守節撫孤刲股事父
周大宗妻詹氏青年秉節教子成立
周貴顯妻錢氏年二十七寡家貧撫孤
周醇家妻袁氏年二十一寡以節孝著

周慶義妻夏氏年二十七寡矢志撫孤閭里罕見其面

周懋廣妻邢氏夫亡矢志持家嚴肅

監生周廣業妻邢氏年二十七寡以禮自恃言笑不苟

周子威妻商氏刲股療夫夫死守志以終

周恩均妻呂氏年二十三寡教子以義

周靜業女金妹年十五母病與妹侍疾衣不解帶號泣籲天者累日刲股和藥以進母病若失

諸生史在濂妻周氏名貞妹刲股救翁鄉里賢之

周尙縉女母病百藥不效刲股以療遂愈

姚維凝妻張氏年二十五寡卒年八十四

姚治本維凝子妻周氏年二十七寡矢志堅貞卒年七十一

周醇垣妻錢氏年二十九寡事舅姑以節孝著

諸生屠行唐妻馬氏年二十七寡卒年七十二
屠可海妻謝氏年二十八寡卒年六十五
屠可源妻俞氏年二十六寡卒年七十五
屠傳柏妻鄭氏年二十八寡卒年六十二
鄭汝奎妻張氏年二十七寡撫孤成立守節五十一年
鄭翹新妻孫氏年二十七寡無子守節四十三年
吳允度妻宋氏年二十四寡卒年六十
吳元彪妻宋氏知書計二十八寡舅姑病刲股不效葬盡其禮撫遺孤成立
吳士達妻沈氏年二十四寡無子繼姪爲嗣奉姑三十年備極孝養
吳懷懋妻朱氏年二十七寡

吳懷恩妻趙氏年二十八寡與上懷懋妻並以節著

吳登仕妻馮氏年二十八夫亡守志撫孤

吳其武妻汪氏瘖而聾年二十四夫死氏不欲生隣母指其腹勸之再四乃强起飲食數月後生一子刻苦撫養以節終

吳裕鑑妻竹氏年二十九寡孝事舅姑

張忠協妻袁氏年二十二夫亡守志建半塘茶亭卒年七十六

張允清妻俞氏年二十五寡繼姪爲嗣

竺鏗妻沈氏青年守志僉憲張邦信爲序其事

劉本明妻張氏年三十寡

馬有倩妻金氏年二十二夫死守節

馬慶美妻金氏年三十五寡卒年七十八

唐志元妻俞氏年三十四夫亡矢志撫姪爲嗣守節三十八年

王三槐妻吳氏年三十五寡居蘆田

林應球妻盧氏年二十四寡撫孤成立卒年七十六

沈之秀妻陳氏年二十四寡卒年七十七

吳啟鶴繼妻陳氏年二十五寡子病跛産日以削矢志不二

吳裕瑗妻馮氏年二十八寡紡績撫孤孤夭有勸之嫁者氏矢志益堅

陳尙倫妻張氏年二十五寡撫子娶媳已弄孫矣而子媳俱亡復鞠遺孤竟至成立

宋一鑄妻任氏

馬國學妻張氏年二十四寡

俞安成妻裘氏年二十夫死守節

安緇孝妻張氏家貧紡績事姑姑病刲股以療

劉建兆妻趙氏年二十七寡事親撫孤以節孝著

陳尚榮妻王氏年三十寡食貧撫孤

陳宗訓妻金氏年二十六寡卒年七十二

王汝賢妻周氏年三十五夫死守志

監生李文明妻朱氏年二十九夫病刲股不效以誓節終

李克倫名天祚妻袁氏年二十一寡

李克恭妻謝氏年二十五寡

龔志瑜妻陳氏年二十二寡

王良能妻張氏年二十九寡

王良裕妻應氏年二十七寡

莫顯高妻葛氏年二十一寡以上六人俱以節著

錢宏溥妻求氏年二十一寡撫孤成立

張瑞林妻姚氏年二十六寡以節孝著
監生張津源妻馬氏年三十三寡事姑以孝
陳發瑞妻張氏年三十寡夫亡撫週歲孤卒年八十四
邢向森妻錢氏年二十六寡事姑撫孤
史永義妻俞氏年二十二寡守節五十餘年
茹德隆繼妻陳氏年三十三寡撫孤成立以高壽終
竺紹瑗妻馬氏舅病刲股姑病亦然夫病又然年二十四寡卒年八十二
唐盈周妻王氏年三十一寡守節二十年二
王弈勳妻葉氏年三十四寡撫子成立
王興彧妻呂氏年三十二寡
王興彭妻俞氏年三十寡事姑以孝

傅武侃妻鄭氏年二十八寡事親撫孤

魏錫貴妻袁氏年三十寡家極貧矢志撫孤卒年六十二

林國良妻邵氏年二十二寡卒年七十

裘書興妻錢氏年二十八事親撫孤

裘書旺妻王氏年三十寡苦節撫孤道光二十年捨資獨建下王本莊石橋以濟行人遠近稱之

周恩悌妻錢氏年二十五寡苦節撫孤

鄭儀鳳妻周氏年三十一寡

鄭知岳妻傅氏年二十九寡

鄭聖斌妻張氏年三十二寡俱以節著

張奎老妻徐氏年二十一寡守節以卒

周葉法妻過氏年二十一寡事瞽姑先意承志

金元明妻俞氏年二十寡守節三十七年
王待琳妻丁氏年二十三寡紡績撫孤
章紀仁妻周氏年三十四家貧夫死守志辛苦備嘗卒年七十一
謝昌富妻屠氏年二十九寡
姚崇洽妻諸氏年二十八寡
馬弈華妻呂氏年二十七寡
俞廷選妻王氏年二十四寡卒年八十
蔡義坤妻竺氏年二十八寡守節至九十二而卒
黄艮朋妻樓氏年二十四寡事姑撫子以節孝著
張偉聖妻金氏年三十三寡守節三十一年
俞心化妻袁氏年三十二守節
張兆儒妻方氏年二十九寡以節著

裘一麒妻尹氏年三十寡
監生裘坤岳妻周氏年二十九寡無子繼姪爲嗣
錢世芳妻施氏年二十一寡事翁姑久而能敬善操持勞而不怨
教子孫必以義方計守節四十五年
王國來妻葉氏年三十寡
張國滿妻劉氏年三十三寡
袁紹忠妻樓氏年三十四寡
張國經妻周氏
張偉傑妻周氏年二十九寡
王定武妻錢氏年三十五寡
厲邦汀妻張氏年二十九夫死守志
厲邦俊妻王氏年二十七寡家貧撫孤成立

厲嘉璉妻錢氏年二十四寡夫死守志
竺友才女家貧親老奉事惟謹終身不字卒年七十七
樓克明妻周氏年三十六寡
王達宗妻張氏年二十四夫亡守節
陳正輝妻袁氏年三十一寡卒年六十九
陳忠嘉妻王氏年三十七寡
陳正仙妻袁氏年三十一寡以上同族三人並以節著
沈凝康妻張氏年二十九寡
沈凝週妻王氏年二十四寡與上凝康妻並以節著
裘國翰妻呂氏年三十寡以節著
周文德妻袁氏年二十五矢志堅貞以節自勵
張天植妻王氏年二十四夫死守節卒年八十二

張繼曾妻杜氏年二十二寡以節著

鄭士月妻胡氏年二十四夫故無子卒年六十五

王賢道妻沈氏年二十七夫故守節

王聖依妻沈氏年三十三寡以節終

王敬瑜妻吳氏年二十七寡

張瑜妻吳氏年二十五夫死守節撫孤

吳如壎妻徐氏年三十五寡以節終

吳敬賢妻馬氏年二十九寡守節四十年卒

鄭雲山妻林氏年二十二夫死撫孤孤夭繼姪爲嗣孝舅姑歷二十八年而卒

張伯喬妻陳氏年二十寡

董景隆妻鄭氏年二十五夫死守節

鄭萬化妻陳氏早寡守節三十年
錢世英妻王氏年三十四寡遺雛纔四齡撫以成立支持門戶備極辛勞年八十八歲卒
陳登七妻鄭氏年十九寡矢志撫孤
朱兆栗妻鄭氏年二十二寡夫死守志
諸生朱雍思妻董氏青年矢志
朱聯三妻張氏年二十九寡矢志撫孤
沈耀臣妻喻氏年二十九夫死守志
王學渭妻樓氏年二十三夫亡守節卒年七十七
諸生陳雅度妻孫氏早寡守志堅貞
任伯興妻鄭氏年二十一寡孝事舅姑
朱萬善妻鄭氏年三十寡家貧無子苦節以終

杜太明妻孫氏年三十寡苦志撫孤

鄭文棨妻鍾氏年十七寡撫遺孕子尊三卒年七十三

鄭尊三妻蔡氏年二十四生子演畜夫死孝姑撫子克終其志

鄭演畜妻蔡氏年二十生子未旬日而寡守志以終

王權連妻張氏年三十二寡

王權仁妻馬氏年三十四寡與權連妻俱以節著

葛啓麟妻劉氏年二十八寡守節撫孤

喻大志妻吳氏年二十三寡撫孤成立

喻大魁妻周氏年三十寡事姑撫子

孫孝懷妻林氏年二十九寡家貧姑瞽事之惟謹卒年七十三

孫節建妻蔣氏年三十一寡以節孝著

孫元鼎妻馬氏夫死守志足不踰閾

孫節介妻胡氏年三十四妾章氏年二十九子甫生而夫故二氏同心撫養以至成立胡年七十五而卒章亦卒年七十三

孫節音妻吳氏年三十三寡事親撫孤動不踰禮卒年七十七

諸生孫尙遜妻鄭氏年二十九夫死守節卒年八十五

孫尙昇妻黃氏年十九寡事姑以孝

監生孫尙廉妻林氏年二十寡無子繼姪爲嗣事孀姑竭盡其誠

孫尙卿妻黃氏年二十八家貧子幼夫死守節

諸生孫尙硯妻蔣氏年二十三寡撫八月孤姑病刲股以療

孫尙乾妻宋氏年二十九寡以節終

孫尙磊妻馬氏年三十寡事親撫孤

孫芳錡妻黃氏年三十三寡事瘋姑惟謹諸叔幼賴以成立

孫芳岳妻相氏年三十三寡家貧勤紡績以撫孤

趙業瑞妻朱氏早寡守節四十年

張環趾妻章氏年二十九寡家貧無子守節至八十四歲卒

儒士錢紹璉妻周氏早寡以節著上有邁姑寡媳雛孫仰事俯畜劬瘁不堪計守節四十餘年

儒士錢紹瑞妻裘氏年二十九寡姑有痼疾侍奉十餘年無倦容撫子成立以節終

錢承乾妻商氏年二十九夫亡貧甚藉十指餬口守節三十餘年

朱承祖妻馬氏年二十五夫死守節

邢常漢妻劉氏早寡勤紡績事舅姑

鄭升瑞妻竺氏年二十四寡撫子成立

鄭世能升瑞子妾屠氏年二十五寡

鄭永臨升瑞孫妻竺氏年二十二寡

鄭倘肅妻王氏
張集繡妻龔氏年二十七寡
張國泰妻宋氏年三十一寡
張有璠繼妻宋氏年二十九寡
張鳳來妻王氏年三十三寡
張秀夫妻馬氏年三十七寡
張周正妻陳氏年三十二寡以上同族六人俱矢志堅貞克全其節
沈兆南妻鍾氏年二十四寡守節二十二年
章正詒妻周氏年三十五寡卒年七十八
朱德元妻袁氏年二十四寡家貧苦節四十餘年
王毓琊妻唐氏年三十九夫故家貧撫遺孤未幾又天守節至七

十一歲卒

諸生陳德耀妻葉氏年三十六夫故守節

劉承勳妻黄氏年三十寡以節終

樓維雲妻董氏年三十一夫死守節

黄國泰繼妻蔣氏年三十四寡

童繼清妻魏氏年三十五寡以節著

張必瓚妻金氏年二十五夫死矢志

張志容妻鮑氏年十九寡

諸生吴師琦妻張氏年二十四寡無子繼姪爲嗣苦志堅貞至七十餘卒

陳奇忠妻龔氏年二十一夫死子幼苦節自誓年六十二卒

傅祖元妻吴氏年三十二寡知詩書事舅姑以節孝著

陳詩妻鄭氏年二十寡事姑以孝
卜明泉妻袁氏青年矢志
鄭之彥妻馬氏年二十四寡繼姪爲嗣
朱恆佐妻陳氏年三十寡守節以終
張起賢妻錢氏年二十二夫亡矢志
陳士豪妻董氏年三十寡矢志不二
錢芳琪妻張氏年三十寡事邁翁敬而有禮年六十二卒
過泰明妻呂氏年三十三夫死守節
過運灝妻錢氏年三十一寡家貧守節三十三年卒
王茂成妻汪氏年二十九寡以節著
徐正統妻馬氏年二十五寡守節三十餘年
應位瑾妻胡氏年二十四夫亡家貧孝養舅姑苦節四十五年

潘廷賢妻錢氏年三十二寡以節終

丁仰山妻唐氏家貧早寡矢志堅貞

丁道行仰山子妻商氏早寡撫遺孤又殤子焉一身以苦節終

錢大寶妻崔氏年三十寡守節撫孤

周朝昌妻王氏年二十二寡家貧撫孤守節

馬表德妻王氏年三十四寡以節著

周紹裘妻屠氏年三十五夫死守節

沈立剛妻吳氏年二十一寡孝姑撫孤

杜配乾妻鍾氏早寡以貞節自矢

董國相繼妻陳氏以節稱

閻成材妻徐氏年三十八寡

鄭著占妻朱氏年三十一寡與閻成材妻俱以節著

周崇績妻竺氏割股療夫年二十三寡無子繼姪爲嗣
王興福妻陳氏年二十四寡以節終
周廷爵妻俞氏年三十二妾陶氏年二十七俱貞節自矢俞年六
十四卒陶年八十六卒
周朝清妻任氏年三十寡卒年七十三
屠之千妻趙氏年二十七夫死守節
朱承裕妻徐氏年三十一夫死撫孤孤夭復撫遺孫成立
陳懷義妻沈氏年十八寡守節以終
陳增述妻章氏早寡苦節四十三年
趙光發妻嚴氏年二十七以節自矢
姚家亨妻沈氏年二十五寡以節著
王開睿妻黄氏年二十七寡

邢在蕃妻過氏年二十寡
邢在美妻錢氏年二十四寡以上三人並以節著
裘天霞妻沈氏早寡撫二歲孤成立
錢登瀛妻酈氏年三十寡家貧無子紡績自勵年五十一卒
黃夢麟妻張氏年二十寡守節四十三年
徐泉鑑妻史氏年三十寡無子守節五十一年
丁道岸妻李氏年二十四寡
謝隆斑妻沈氏年二十四寡
張紹賢妻袁氏年十九寡
魏咸歡妻竺氏年二十一于歸百日夫亡矢志守節三十二年
邢彰遠妻錢氏年二十六寡
葉振枝妻魏氏年三十四夫死撫孤守志

謝華訓妻馬氏年二十五寡撫孤成立
尹自朝妻高氏年三十歲夫亡守志以遐齡終
監生錢國慶妻支氏年三十而寡矢志冰霜撫孤成立
朱朝陽妻洪氏年二十九夫死守志
宋天盈妻王氏年二十七寡守節二十六年
　以上任鄭氏張任氏咸豐元年二年旌王嘉熾妻夏氏等四
百十五人咸豐五年旌鄭楠妻徐氏等二十八人咸豐九年
旌同治志　按人數似有誤
吴景仁妻徐氏居三界鎮年十七適吴二十二寡家貧勤紡績撫
孤秉政成立嘗有隣叔病鬼祟忽曰氏來焉避之其一日第之
下奈我何氏至病者霍然起咸豐辛酉冬洪楊軍抵嵊荒僻悉
擾氏避處獨免同治乙丑五月二十二日午正召媳澡雪易服

端坐口宣佛號逝時年六十五停柩側廂明年合鎮火延燒數百家廂亦焚柩竟無恙人僉稱天佑

儒生高心璥繼妻呂氏居黃泥橋璥博學工制義屢試不第鬱鬱卒氏生一女撫前室子女如己出淑慎清閒鄉里稱之卒年六十餘

高敬傳妻單氏居黃泥橋年二十二夫亡矢志奉舅姑襄內政撫孤成立歿年六十餘

張本昌繼妻韓氏年三十寡上事翁姑下撫子女撥田綿祀節而兼孝

唐惟藻妻盧氏年二十適唐纔七月夫亡撫遺腹子尤勤紡績以事親

尹嘉壽遠璧子妻唐氏孝奉舅姑睦妯娌年二十九夫亡撫孤慶

琮成立家稱小康

周醇煥妻過氏年二十八夫病亡無嗣撫猶子二長世望成諸生幼世德貢成均閭里稱之卒年七十二

周醇烜妻范氏年三十四寡勤儉持家撫子二以養以教一子入庠卒年六十八

諸生尹堂鑑妻張氏早寡善事翁姑教子以方長子汝諧成明經氏年七十卒

史銘軒妻吳氏居浦橋年二十八寡卒年四十五

單鳳梧妻魯氏早寡居馬路堂撫育二子以節著

喻孝恭妻王氏年二十三寡壬子年卒

鄭祖道妻張氏二十八寡年七十六卒

周紹義妻俞氏少寡居周塘沿撫子和元成立

史明善妻張氏居湖頭苦志守節以終
沈永保妻王氏年二十八寡守節二十一年卒
監生錢登槐妻周氏年二十八寡歿年六十二妾王氏年二十一
寡與嫡共守節三十六年
裘世林妻沈氏年二十九寡事姑撫孤
裘緒成妻邢氏守節二十七年
唐惟聰妻丁氏少寡撫子孝曾素食終身
李維正妻屠氏年三十寡歿年六十一
尹遠璧妻王氏年二十五寡居漩水灣
李克臻妻葉氏守節三十三年
張道陞妻相氏早寡無子繼姪爲嗣守節以終
張啓慧妻王氏早寡無子撫姪守節三十年

監生馬海觀妻金氏　裘光和妻張氏以清節聞

馬有文妻張氏居馬家　貢生俞睿廷繼妻謝氏

諸生柴逢春妻韓氏　諸生尹慶豪妻錢氏

吳積馨繼妻袁氏　儒生馬弈端妻裘氏

龔玉英繼妻鄭氏　施慶芸妻沈氏

俞心洄妻張氏　徐立禮妻任氏

陳家茂妻鄭氏　俞長英妻張氏

錢緣會妻陳氏　袁道澄妻王氏

錢昌標妻張氏　錢龍山妻陳氏

張拱乾妻王氏　錢登梁妻陳氏

張之愷妻趙氏　張太欣妻杜氏

張志渠妻李氏　張志藻妻馬氏

王良與妻宋氏
商明貴妻魏氏
裘國詔妻斯氏
婁日揚妻沈氏
史義高妻方氏
尹嘉炳妻王氏
尹志祥妻沈氏
馬有潤妻徐氏
鄭昇瑞妻竺氏
鄭詩化妻竺氏
徐明安妻馬氏
陳家騄妻鄭氏

王宗倫妻于氏
商建文妻王氏
應方釗妻胡氏
裘懋炳妻向氏
金世豪妻袁氏
呂元楚妻張氏
尹大愷妻金氏
馬潮學妻周氏
馬慶琦妻盧氏
鄭永臨妻竺氏
鄭兆南妻閻氏
徐大木妻張氏

陳家仁妻鄭氏　陳兆彩妻袁氏
潘效禮妻戴氏　潘效志妻袁氏
錢鳳鳴妻孫氏　錢世華妻黄氏
高承鑑妻袁氏　張良昌妻尹氏
張鳴臯妻杜氏　王士節妻尹氏
王勳立妻葉氏　王恩深妻尹氏
黄顯忠妻劉氏　黄良佐妻裘氏
葉榮梁妻丁氏　裘書德妻錢氏
金紹魁妻呂氏　周從廷妻黄氏
李克倫妻袁氏　李克明妻朱氏
尹嘉承妻金氏　馬志珩妻過氏
馬步融妻錢氏　沈世福妻陳氏

沈遠望妻王氏　沈正朝妻陳氏

沈作舟妻俞氏　鄭　瑺妻章氏

劉志遠妻盧氏　劉能貴妻邢氏

劉聖明妻周氏　劉聖啓繼妻邢氏

以上自吳景仁妻徐氏起至劉聖啓繼妻邢氏止載越郡續表微錄並咸豐元年旌載越郡闡幽甲錄

劉紹曇祖母邢氏母邢氏妻周氏一門三世矢志完貞

諸生吳師綏繼妻翟氏　周瓊騏母錢氏妻盧氏

盧□□妻錢氏　劉紹景繼妻邢氏

周尚化妻丁氏　孫成學妻駱氏

王逢存妻俞氏　鄭天瑋妻章氏

周績仁妻童氏　義女芳憐丁氏婢

以上載越郡表微錄咸豐元年旌

呂文涵妻王氏居貴門年二十四寡事邁翁節孝同稱撫遺孤慈嚴並濟

尹慶權妻呂氏堂鑑弟婦與堂鑑婦張氏妯娌甚睦慶權亡氏持家勤儉撫孤成立人稱一門雙節

裘天模妻馬氏　貢生沈鶴林妾王氏

任守仁妻吳氏　朱和凝妻傅氏

沈　淼妻陳氏　俞增芳妻姚氏

俞安茂妻周氏　王名燵妻魏氏

陳顯爵妻王氏　張球琳妻樓氏

黃鳳岡妻張氏　黃珏璵妻裘氏

丁國相妻呂氏　李德麟妻王氏

史善良妻張氏　沈則善妻張氏

鄭悠然妻吳氏　葛鳳春妻王氏

黃鳳山妻張氏　監生裘桂馨妻馬氏

以上自呂文涵妻王氏起至裘桂馨妻馬氏止皆咸豐二年旌載越郡闡幽甲錄

高承煥妻楊氏居城東隅年三十二寡善女工訓子我乾應試屢列前茅因賊擾不及院試歿時論惜之撫孫二以節終

錢世奇妻呂氏居四十一都年三十三寡撫子昌正紡績營生守節十八年卒

衞千總錢旺河妻郭氏居四十一都年三十一寡子濬清

錢敦鼇妻裘氏居四十一都年三十三寡

以上咸豐二年憲獎載越郡闡幽甲錄

陳安芬妻商氏居陳家　俞廷訓妻密氏
張學曾妻董氏繼錦鄉　張文濴妻王氏
徐熙雍妻張氏　俞廷鑽妻王氏
張太琮妻沈氏

以上咸豐三年旌載越郡闡幽甲錄

儒生高炳奎妻張氏居城東隅與寡姑李氏以鍼黹自養撫孤承

標成諸生

張本金妻周氏居後嶂莊事姑撫孤以節著

陳禹貢妻吳氏　錢永思妻顧氏
任華揚妻杜氏　董家元妻張氏
馬國學妻張氏　沈萬春妻鄭氏
沈其廣妻傅氏　沈高韮妻傅氏

沈萬邦妻鄭氏　高敬璋妻沈氏

高敬瑜妻張氏　錢登榆妻李氏

錢登昌妻周氏　裘安泰妻張氏

張志坦妻尹氏　尹嘉仕妻袁氏

馬德坤妻錢氏　貢生支公翰妻樓氏

監生金世揚妻尹氏

以上咸豐三年憲獎載越郡闡幽甲錄

監生史濟渭妻錢氏守節十九年子三美煥美澄美倫

監生施乃清妻呂氏　魏在洲繼妻盧氏

以上咸豐五年憲獎載越郡闡幽乙錄

儒士錢旺吳妻邢氏旺吳讀書應試病於郡寓舁歸而歿氏以詩禮名門于歸未帀歲而寡時年二十一遭家運之否依母家以

居艱辛萬狀繼姪承祧後諸孫蕃熾焉守節四十餘年

錢芳春繼妻馬氏年二十九夫逝孀閨闃寂弱女相依撫姪爲嗣承祧紹續計守節三十九年

錢芬采妻鄭氏年二十二寡事姑二十年事邁翁四十年孝敬不怠撫遺子一生成立教養備艱計守節四十五年

諸生錢謨治妻孫氏夫以疾卒於京邸時氏年三十撫孤成立計守節三十八年

錢敦艮妻邢氏年二十七寡撫猶子以綿先祀計守節四十四年

儒士錢昌邦妻顧氏年三十寡與姑王氏俱以節著貞靜立志勤儉持家撫藐孤以成立卒煥門楣

儒士錢貽道妻郭氏年二十二寡勤女工敬事翁姑教猶子尊禮師傅計守節四十年

儒士錢旺陞妻趙氏年三十二夫亡事邁姑數十年如一日黃口呱呱撫以成立備極辛勞計守節三十餘年

儒士任協章妻王氏年二十三字任二十五寡不事裝飾恪守閨訓針紉不輟足不下樓里族人無一面者卽同室亦絕不聞問繼胞姪貢生樹爲嗣

邢桂松妻錢氏性孝友幼識字知大義年二十四夫亡無子遇變而能順守其常繼姪敏槐克振家聲胞兄壎爲立節孝傳

諸生劉潤之繼妻周氏年二十五寡克事邁姑遺一子撫前室子亦如己出教養成立

劉從榜妻邢氏年二十六夫亡撫遺孕子又夭撫遺歲孫成立

劉從淶妻周氏年二十三寡家貧撫子子夭又鞠童孫苦志以終

竹臨渭妻唐氏居兹節鄉年二十五寡事姑撫孤孝養兼臻卒年

六十一歲

葉家松妻鄭氏居筮節鄉年二十二寡事姑撫孤卒年五十四

任協中妻王氏居石舍莊年十八歸任夫以苦讀病瘵卒時氏年二十矢志苦節躬親操作無怨言積有餘貲創建宗祠祀祖及夫

姚建功妻竺氏居晉溪年二十六夫亡子宗華纔五月教育成廩貢試用訓導氏守節三十六年卒

周孝慈妻錢氏年二十結褵匝月夫病亡繼姪承祀以節終卒年六十一

監生周醇冕妻林氏年三十寡矢志守節以終

周醇佳妻鍾氏年二十四夫亡撫遺腹子政廉成諸生尤孝舅姑鄉里稱之卒年四十九

周醇顯妻錢氏年二十三守節苦志以終

儒士沈遠傳妻傅氏矢志撫孤年六十九無疾而終

許至道妻周氏撫週歲孤知存成立

監生劉漢川妻裘氏妾陳氏夫亡守節承遺命創世祖文敏祠置祭田二十畝又與族捐建忠賢祠撫姪爲嗣

儒生吳如玉妻潘氏年二十六寡生二女無子以姪承祧置祔祭祖祠田十畝供春秋祀事持家勤儉以節孝著

周亮遠妻袁氏城中諸生載清妹幼聰淑嘗隨毋談詩熟三國等志長適周不十年寡以苦節終子功鉅

儒士錢貽謨妻周氏年二十三寡勤女紅能敬事翁姑教猶子知尊禮師傅討守節四十年

錢我廉繼妻張氏撫前子如己出教弱女以義方事翁姑數十年

如一日計守節二十四年

監生錢旺越妻馬氏少寡撫孤養而能教若持門戶頗通文義於諸經多能默誦二子俱有聲士林計守節三十餘年

錢世相繼妻朱氏家貧撫孤勤女紅以孝翁姑

錢登科繼妻劉氏年二十九寡守志撫孤以節終

監生錢旺疇繼妻袁氏年二十九寡撫遺孤支持門戶貞靜矢冰霜之操內外絕嘻之聲守節二十三年

錢武猷妻過氏年二十寡遺一女仍不育撫姪爲嗣孫曾蕃衍割田助祭以抒孝思計守節五十四年

錢芳忠妻陳氏年二十八寡膝下教子堂上承歡始終如一內外無閒言守節二十六年

錢承槐妻黃氏年三十寡事舅姑二十年奉養無遺家遭火災矢

儉勤以支持門戶守節二十餘年卒

錢萬宗妻葉氏年三十寡事翁姑以孝撫孤子以慈守節二十四年

錢承鰲妻邢氏年二十八寡遺子甫七月撫育維持毋兼父道奉養舅姑婦兼子職計守節五十年

錢寧祥妻竺氏年二十九寡守志撫孤家貧縫紉補綴以維生計卒興門戶守節十六年歿

錢萬年妻張氏年二十八寡夫病調治維謹夫亡依母家以居育子娶媳悉藉十指守節十四年卒

錢芳衡妻邢氏年三十寡孝尊章持門戶守節三十二年

錢承崙妻邢氏年二十七寡事翁三十年事姑十年久而能敬鞠孤子俾克成立拮据辛勤以興家業計守節六十四年

錢萬運妻過氏年三十夫失足墮水死仰事撫育悉出十指計守
節四十五年
錢樂賢妻劉氏年二十八寡撫孤成立守節四十年
錢世朝妻王氏年三十寡孝事尊章撫藐孤爲擇師友勤劬彌至
守節二十六年卒
錢貽炳妻邢氏年三十寡奉姑教子以節聞
駱載賓繼妻王氏居徐家培家貧紡績事邁翁姑二十餘年
竹盛堂妻應氏與姑同守節以終
張敏遠妻應氏苦志撫孤年六十五卒
許國秀妻王氏撫三歲孤廷校成立
王澍懋妻孫氏居華堂守節三十三年
邢康誥妻陳氏年二十五夫亡守志

劉從龍妻邢氏年二十七寡事姑撫孤守志

沈光淇妻鄭氏少寡善事翁姑撫繼子天章以恩

費昌國妻馬氏居二十三都趙馬莊

增生袁玉潤繼妻孫氏年二十五寡卒年七十

武生袁廣福繼妻張氏年二十九寡歿年六十八子時懋

王餘德妻宋氏居二都泥塘墩年二十三寡無子苦志以終

邢遵枚妻馬氏年二十六寡孝事翁姑教養孤兒

張慶增妻錢氏年二十六寡守節三十八年

張啓英妻俞氏撫姪守節三十四年

袁玉慶妻周氏年二十七寡六十九卒

王汝海妻丁氏居華堂討守節四十六年

李聖清妻宋氏居查村討守節二十七年

李克堯妻陳氏居范油車莊
張啓崑繼妻袁氏居下路西
商世成妻俞氏一名鳳成
錢貽憲妻過氏建坊旌表
唐人豐繼妻孫氏苦志撫孤
黄方德妻王氏居穀來莊
周和平妻劉氏居鄭莊
監生張會晟妻竺氏
監生錢承乾妻商氏
監生張暄妻吴氏
竹興淇妻李氏
陳開運妻傅氏

商祖節妻張氏守節五十二年
商建品妻俞氏一作史氏
鄭雙龍妻王氏守節二十二年
王維治妻魯氏守節三十三年
唐孝傳繼妻袁氏並居上唐
監生盧惟旬繼妻杜氏
諸生施乃淑妻俞氏
監生錢紹華妻馬氏
祝允英繼妻張氏
陳爲敏妻鄭氏
陳思泰妻孫氏
周醇通妻邢氏

魏忠裔妻羅氏　童國香妻閻氏
徐立紀妻裘氏　徐立常妻裘氏
盧維江妻張氏　俞采中妻呂氏
俞作新妻袁氏　袁章賢妻方氏
錢葉蓉妻周氏　錢楫勝妻邢氏
錢宏源繼妻王氏　錢文涵妻王氏
錢勳芹妻張氏　錢貽齡妻裘氏
錢傳美妻周氏　錢世寶妻王氏
唐夢柳妻王氏　唐德星妻單氏
章道梁妻任氏　章道知妻王氏
章義衛妻馬氏　張世禄繼妻王氏
張文泰妻裘氏　邢在候妻錢氏

裘廷爵妻陳氏　劉本榮妻邢氏
李道遵妻胡氏　竹與芝妻陳氏
葉榮蕙妻周氏　史瑞登妻錢氏
金宗聖妻鄭氏　陳孕相妻竹氏
陳慈山妻薛氏　陳基遠妻林氏
袁玉銘妻盧氏　袁廣俊妻竺氏
勞師元妻裘氏　王見和妻裘氏
王春齡妻喻氏　王敬和妻閻氏
唐景良妻竺氏　丁道淮妻單氏
邢康浩妻陳氏　周孝林妻裘氏
周恩滿妻錢氏　金德怈妻喻氏
李惟茂妻馬氏　李道鈺妻史氏

閻永興妻余氏　趙國泰妻陳氏

魏德介妻周氏　魏年德妻俞氏

宋仁菴妻周氏　祝高岡妻鄭氏

葛鳳春妻王氏　諸生錢芳奎妻張氏

孝女錢桂英女　葉榮森妻呂氏

以上自錢旺吳妻邢氏起至葉榮森妻呂氏止咸豐六年旌載越郡闡幽乙錄

孝女俞心安女三姑居殿前年十二父病劇事湯藥者二十餘年不假手於兄嫂願終身事父父以衰老病軀得享遐年姑紡績置產擬歿後祔食父塋族有窘者鬻其妻姑聞之急給貲物使謀生妻不得鬻今生子且娶媳焉鄉里賢之壽至七十餘

孝女俞心宏女清姑居五十二都殿前莊姑以親老弟幼代理家

務及弟稍長姑年逾三旬誓不字勤儉所積置田三十畝祔祭於宗祠卒年八十餘

俞作潤妻李氏居五十二都殿前莊年二十寡撫幼叔及子成立勤劬淑慎里黨咸欽

王勳瀛元璐子妻喻氏城東隅道鈞女通書史工鍼繡年二十七夫故上事耄姑下撫子女長子奕卿俾從名師歸則課讀綦嚴無何奕卿夫婦相繼而亡孫殤次子弈清亦受室生孫矣既而孫媳俱夭續娶徐氏僅遺二女弈清又故姑媳持節甚苦

劉從彬妻徐氏年二十寡無子家亦貧躬操井臼勤績紡以事邁姑有勸之嫁者氏矢志益堅

錢我宏妻馬氏年二十二寡事尊章盡禮教孤子以義守節三十餘年

陳世六妻馬氏年二十六寡撫孤成立計守節五十年卒
監生吳金華妻章氏居一都青年矢志守節二十餘年卒繼姪文
　蔚文祥爲嗣
儒士袁木三字時棫妻錢氏居碧溪年二十九寡撫姪成立
儒士袁廣交妻陳氏年二十八夫亡撫子時期入成均
儒士周紹齡妻單氏居一都撫姪和茂爲之納室無何和茂卒媳
　魯氏亦寡
儒士宋仁寶妻湯氏居城西隅早寡撫遺孤三均成立
丁寶森妻陳氏撫遺腹子顯忠成立
沈廷吉妻姚氏撫孤成立守節終身
吳仁萃妻張氏年十九婚匝月夫故守節以終
監生周學茂妻錢氏　　史積水妻袁氏年二十五寡

施嘉栗繼妻周氏　王廷標妻張氏
張益泰妻金氏　張顯城妻邢氏
王世登妻許氏　宋仁粹妻樊氏
丁道芝妻姚氏　任集三妻鄭氏
竺盛鎬妻姚氏　竺盛森妻陳氏

以上自俞孝女三姑起至竺盛森陳氏止咸豐九年旌載越郡闈幽丙錄

監生錢文選妻過氏年三十四寡文選病瘵氏不解帶者三年夫卒全家病疫摒擋一切延醫市藥家益困日傭鍼黹以養姑已或累日不食不言饑嚴冬單衣不言寒終身茹冰飲檗無他志人莫不賢之計守節二十八年卒

錢芬蕙妻過氏奉二老敬禮有加育五子劬勞殊甚計守節三十

餘年
錢世江妻鄭氏事姑以孝教子以義籍女紅以起業矢清白以全
貞計守節三十餘年
監生錢鳳昌妻張氏居四十一都長樂鄉訓子實珊舉於鄉氏家
累世清節好善樂施計守節三十二年卒
監生錢芬楠妻袁氏藉十指餬口育遺孤成立茹荼集蓼人所不
堪計守節三十年
錢旺森妻邢氏早寡撫遺孤復夭孝事孀姑一門三世苦節計守
志三十三年
錢萬鵬妻丁氏奉繼姑三十年教子必以義方守節四十二年
錢永恩妻史氏椎髻忘勞摩笄矢志計守節四十六年
錢萬麟妻張氏早寡撫二男成立守節四十七年

儒士錢汝寬妻邢氏汝寬讀書應試工書法承父之教以敦厚篤敬稱卒時氏年三十五冰操益堅計守節三十三年

錢學經妻邢氏年三十五寡翁承鏊卒時學經生甫七月至是氏與姑煢煢食苦事上撫下既孝且慈人稱一門雙節計守節二十四年

儒士錢旺南妻張氏旺南讀書應試工書法賚志以歿氏撫子成立計守節三十餘年

錢芳讓妻王氏家貧甚苦守節十七年卒

舉人王景程妻竺氏居東林撫子彭籛成立彭諸生籛列貢

監生吳家銓妻高氏居一都畈塍莊早寡撫二子成立金相武生金瀛職員

楊祥樹妻施氏早寡撫子大錦成立居五十都以節終

魏素潮妻唐氏早寡居八九十都撫子心南成家

錢傳緯妻安氏少寡門庭嚴肅計守節四十年

高心望妻馬氏居城東隅傭工度日無子一女適諸生鄭紹國亦寡母女煢煢合城憫之

杜能仁妻鄭氏居五十五都年十五歸杜刲股療姑疾未幾能仁病亟亦刲股滲藥願以身代卒不起哀毀過甚氏亦夭年二十三歲

竺文貴妻施氏居五十三都早寡善事翁姑撫子秀榮守志

監生李啓元妻張氏居五十都早寡撫子岐昌成立

魏三貴妻徐氏居八九十都早寡撫子敦明守志

唐德謙妻王氏居十七都苦志撫孤

魏敦明妻葉氏姑媳苦守子大倫

商建學妻周氏居四十二都早寡撫子祖炳守志
錢萬雲妻呂氏守節二十二年
錢紹純妻過氏守節四十三年
杜錫昌妻鍾氏早寡撫子錢錦錢清守志
王占魁妻丁氏居城中早寡撫子陽春守節
鄭可均妻童氏
以上自錢文選妻過氏起至鄭可均妻童氏止咸豐九年憲獎載越郡闡幽丙錄
王興懷妻包氏與懷早卒氏以婦兼子職奉養翁二十年事繼姑陳氏仇氏十餘年撫子世昆成立
儒士張家鎬妻章氏年二十三夫亡奉翁二十九年姑十一年人稱節孝並居城中

史象書妻錢氏居二十九都早寡守節以終

儒士李克鑑妻汪氏守節以終

以上咸豐十年旌

應麟彪妻范氏居崇仁鄉秀才灣守節四十餘年撫孤紹綱諸生

孫文嶽廩生

呂賢程妻邢氏居雅安莊事舅撫孤備歷艱辛卒年七十有五

張聲沛妻倪氏居下張莊計守節三十五年

唐職艮妻宓氏居棠溪莊早寡撫孤成立

沈遠紹繼妻裘氏居城中

相有信妻裘氏居下相

李宗霞妻蔣氏居崇安鄉長坑莊

汪本仁妻袁氏居遊謝鄉大塽莊

屠秋明妻葉氏居昇平鄉東大灣

屠元興妻葉氏居東大灣

李克孝妻徐氏居唐邱

唐登書妻許氏撫遺孤子成立

唐德明妻單氏並居湖潭莊

諸生張洙源妻裘氏居張家莊

張煒文妻祝氏

張艮景妻王氏並居大灣莊

樓行秀妻裘氏

張恭謙妻裘氏並居富順鄉

朱燮元妻傅氏居溪灘莊

監生周明聰妻尹氏居上朱莊

袁章銘妻章氏

楊開盛妻魏氏

王濟川妻施氏並居甘霖鎮

陳廷璧妻姚氏

陳步蟾妻沈氏

陳增智妻鄭氏

陳鶴年妻黃氏並居德政鄉

應佩淑妻朱氏居應家巖莊

舒祖殷妻史氏居馬家坑莊

求明智妻舒氏居樓巖莊

丁華項妻呂氏

唐蓂三繼妻單氏

以上咸豐間旌

黃大來妻費氏居轂來莊家極貧年二十五夫亡翁懼不能守勸

之嫁氏不可遇歲歉啖糠餅以細粉奉翁人稱節孝歿年五十

俞作淲妻邢氏居蒼巖莊作淲讀書應試遘癘卒氏年才二十孤燈苦志淑慎幽閒撫遺歲孤汝昌成貢生氏以節聞

監生孫亮采妻張氏年二十九寡貞靜幽閒善持內政妾氏張年二十二佐之嫡庶矢志完貞不茹葷喜施與人稱慈惠

監生周積模繼妻徐氏年三十寡撫二歲孤成立並居城東隅

趙德清妻于氏年二十九夫亡守節撫二子成立卒年五十七

王朝春妻童氏年二十五寡敬事舅姑撫遺腹女繼姪爲嗣

職員姚羽儀繼妻裘氏年二十八寡性淑慎撫前室五子如己出

鄭道純妻張氏居城東隅年三十夫亡無子撫從姪爲嗣

李振麟妻袁氏年二十五寡卒年六十一撫遺歲孤聿著賢聲

黃國成妻陶氏居榖來年二十四寡歿年七十三

諸生馬燮妻張氏年二十五寡守節至四十五歲卒

喻道賢妻宓氏年二十二寡守節以終居五里鋪

監生支公量妻祝氏年二十七寡以節終

相和夏妻費氏居下相年二十二寡矢志終身

周亮智妻吳氏年二十三寡苦志守節以終

馬世賷妻金氏曁媳黃氏居城后莊世賷業儒年十九娶金氏結褵半載而世賷病亡遺腹生一子名昌興撫養成人娶媳黃氏昌興年二十二病癲狂黃氏備嘗艱苦寢不安席者十餘載洪楊之亂居廬被燬昌興亦焚死家綦貧姑媳二人零丁孤苦矢志靡他金氏年二十而寡壽八十有一黃氏三十三而寡壽七十有八

馬世鈞妻屠氏年三十寡守節以終

蔣洪順妻沈氏年二十八寡守節以終

諸生周積楷妻沈氏年三十寡嗣姪亮節

郭節婦張氏廪貢郭佩聲妾居石礴佩聲死孤昭佐才四齡是時佩聲嫡子某年長矣議分居田園廬舍給昭佐什二三族長老忿不均氏曰即所得吾毋子足自活假令吾子不肖者千萬金寧勿匱邪乃遣昭佐入里塾一日塾師抶昭佐頭血淋漓赤襟袖氏撫子泣手箸餧昭佐食昭佐念毋憐惜請輟讀半日氏曰今日之抶吾以束修市得之若冀以嬉乎卒遣之塾昭佐長闢先月樓與詩人王芝之生輩結月樓吟社同時名下士咸來集氏躬親肴饌必精必潔客留經旬不厭是時昭佐名藉甚顧其兄之子孫微矣氏命昭佐時時存問之

庠生柴鳳山妻韓氏居城西隅

彬州知州王景章妾周氏
鄭德剛妻呂氏居鄭家
郡庠生湯鎮中妻葉氏
儒士張亦坎妻周氏
吳增坊妻馮氏年十九寡
監生黃錦崑妻王氏
薛正照妻潘氏
胡增錦妻黃氏
成元芹妻陳氏
周積順妻婁氏
金學瑞妻楊氏
金基耀妻袁氏

監生邢匡儒妻周氏居石下洋
馬素垚妻俞氏守節二十二年
張祖光妻趙氏年二十三寡
監生金世颺妻尹氏
監生王紹伊妻馬氏
吳之讓妻裘氏
陳竹鳳妻蔣氏
湯悅中妻裘氏
金啓煥妻徐氏
董乾祥妻葉氏
薛禮格妻朱氏

沈廷蕃妻袁氏　陳世貴妻蔣氏

薛鳳煥妻喻氏　張小帆妻吳氏

錢萬邦妻徐氏　董亮濟妻陳氏

張孔贊妻董氏　王良信妻應氏

王盛瑞妻陳氏　丁載鼎繼妻童氏

金世謨妻王氏　樓宗棉妻黄氏

黄董本妻董氏　董道茂妻裘氏

董道聲妻馬氏　馬景瑗妻鄭氏

史積產妻王氏　宋奕森妻婁氏

沈光岳妻趙氏　謝　義妻氏趙

竹遠照妻徐氏

以上自黄大來妻費氏起至竹遠照妻徐氏止同治七年旌

諸生鍾麟妻竺氏年二十寡居城隅

同治七年請旌

廩生王庚吉繼妻姚氏家清貧矢志撫前室子修鈞成名居城北隅

諸生唐晉三妻單氏年二十六寡教子載賡成諸生居棠溪

孫楠妻周氏早寡淑愼幽閒苦志守節

趙合章妻丁氏居小砩撫孤屺瞻成諸生

儒士張德溥妻謝氏大灣人早寡守節十二年

王景章妾楊氏與冉氏周氏並守苦節居轂來

張紹炯妻魏氏大灣人早寡矢志守節歿年六十二

錢萬潮妻黃氏居古竹溪早寡撫孤守節以終

王慶章妻劉氏　馬其緒妻應氏矢志二十二年

王賢財妻金氏　監生陳于垙妻呂氏

唐志元妻俞氏居棠溪

議敘從九徐玉田妻童氏

趙允燧妻李氏

史積金妻韓氏

郭節婦安氏增廣生郭墀妻居石碑墀父祖饒於貲世業儒墀與諸季分居季以農獲溫飽而墀以儒家日落死之日無儋石儲氏撫孤兆戴命力田曰讀不如耕稻於田蔬於園朝夕力自給無求人讀書皇皇求科第即爲官祗造孽爾況得失未可知耶顧兆戴幼嗜讀嘗簑笠往田潛入塾氏詗知輒責之會兆戴婦錢氏來歸錢故儒家女婉轉具言耕固佳第讀書在明理但繼先人秀才家風當不愁餓死氏曰新婦言是也則又嚴督兆戴讀卒爲端士

以上同治七年憲獎

陳思泰妻孫氏居城中家清貧年二十九寡撫子光仁守節四十

四年氏嘗孤燈鍼刺有乞火者叩門堅不啟後子死宣佛號度日苦志終身

杜永愷妻裘氏居城中年二十八夫亡逾月產子宗奎家貧父在華接母子歸鍼黹度日訓子成立咸豐辛酉冬氏因病聞城失守驚悸卒胞弟永泰以土掩之至同治二年始葬實性寺西地

童廷鈞女玉梅廷鈞副室陳出也幼聰穎喜讀書過目成誦鍼黹暇徧覽經史談古孝烈事甚悉家貧兄弟並出外經營女以親老病自矢終養父病亟私禱於神刲右臂肉和藥進卒不起女哀毀骨立時辛酉八月也同治癸亥陳又卒七月嫡母病劇女復刲左臂以療兩次割臂不使人知及喪葬畢始疼痛出左右臂示兄嫂刀痕宛然而疾已不可治矣卽於八月卒年祇三十歲

王名泰妻張氏夫亡悲悼瞽目守節以終

丁道淵妻竺氏撫孤千統成立

陳思湘妻周氏年二十八寡

杜懷玑妻徐氏以上四人並以節著

鄭本崇妻俞氏以上並居城東北隅

佾生喻道貫妻周氏早寡撫子昌言成廩貢生

宋讓墉妻張氏早寡孝盡婦道嚴訓子女

宋仁海妻葉氏早寡事姑惟謹撫子成名

喻學明妻張氏年二十七寡

宋讓堯繼妻趙氏早寡紡績奉親撫姪爲嗣

喻之熹繼妻裘氏以上七人並以節著

湯鳳翔妾蔡氏年二十二寡

王武奎妻全氏年三十寡以上並居城西南隅

任宗訓妻趙氏夫亡無子憂翁絕嗣氏請於姑勸翁納妾翁年已六十餘不得已納陳氏生一女卒復勸納王氏生宗彭甫二歲王氏卒翁姑亦相繼逝世趙氏爲之撫養成立

任承楨妻宋氏敬事翁姑嘗刲股以療夫疾夫亡後夫弟復相繼歿氏均爲營葬之並嫁小姑撫子成立並居馬鞍蹺莊

程廷鏞妻張氏年二十六歲寡無嗣矢志苦守歿年五十三居城中

徐肇林妻盧氏年二十九寡居城中

周和獻妻俞氏以節著居周塘沿莊

宋寶琛妻袁氏早寡清節自矢居愛湖

周和會妻章氏以上一都方山鄉

王慶芳妻全氏早寡守志撫子均銓以節著居仁德鄉泥塘等

丁載旂妻袁氏，適丁未周年夫死無嗣，毀容勵節，足不踰門者十五年歿。

徐大岐妻周氏，年三十，撫子德琳、德峻。居蒲溪莊

陳慈山妻孫氏，夫故無嗣，以苦節著。

徐坤光妻婁氏，年二十三寡。居小溪莊

沈明泉妻史氏，早寡，上事下撫，以節孝聞。

李惟艮妻孫氏，早寡，家貧，撫孤守節。以上三十四都康樂鄉

鄭宗球妾張氏，早寡無子，善持家政，撫嫡子元善成立。

俞廷彬妻魯氏，十八歲適彬，未期寡，撫遺腹子潮海成立，歿年七十九。並居浦口莊

黃永海妻茹氏，早寡，不苟言笑，不茹葷腥，撫繼子本仁成立。居新建莊

盧亭尚妻茹氏，早寡，奉姑撫孤，守志以終。居新建莊

孫嘉磬繼妻吳氏早寡矢志守節性好施家不中貲倡捐中渡田

並助銀以建菴亭鄉里稱頌

孫明政妻周氏早寡孝事舅姑撫襁褓孤成立

孫在模妻茹氏年二十八寡歿年六十二茹苦含辛撫孤成立並居枝溪莊

諸生吳載賡妻婁氏年二十六寡

吳夢賚繼妻王氏年三十寡

監生吳光榮妻俞氏年三十寡歿年四十並居棠溪莊

沈克芳妻楊氏遺孤三齡撫養成立

沈克廣妻趙氏年二十七寡並居沈家塽

葉守信妻張氏敬事舅姑訓子成名

馬樸文妻茹氏少寡撫子祿進成立並居上屋

許元愷妻范氏年三十寡居下林

茹啓相妾許氏年二十寡居施塍莊

趙緒松妻王氏年二十四寡撫孤業雲課耕讀不稍懈居上岡

黃任朝繼妻任氏早寡守志以終以上五六七都崇信鄉

裘志成妻錢氏撫孤成立勤儉持家居黃澤莊

竹盛泉妻周氏年二十九寡居湖頭

丁道才妻許氏年二十八寡居艮村

張廷寶妻金氏年二十六寡居王明堂

張吉勳妻笠氏早寡撫孤成立居沙地以上八九十都旌節鄉

求國治妻笠氏年三十寡計守節五十五年居求家莊

汪承悅妻丁氏年二十七寡居凹青

許新盛妻笠氏年二十四寡居許宅

王昌紹妻姚氏年二十四寡居東山王
丁進南妻高氏年三十寡以上十一十二都靈山鄉
姚佳徵妻盧氏居晉溪年十九寡新昌呂㷩爲立傳李漁郵贈句
云蓋棺論始定入土骨猶香
姚肇德女福妹守貞不字刲股救父置田十餘畝爲祖及父立塋
俾姪輩輪流值祭居晉溪
笠渭風妻王氏年三十夫故守節二十六年歿
笠增東妻陳氏年二十九寡並居后山莊以上十三四都金庭鄉
笠欽耀繼妻姚氏年二十八寡撫三歲孤成立視前室子如己出
歿年六十八
笠欽垗妻張氏年二五寡撫遺孤守志終身並居靈鵝莊以上十五都孝嘉鄉
孫海龍妻笠氏年二十二寡

黄德茂妻王氏年二十五寡並居北莊

王開英妻章氏年二十五寡居東林

董紹貴妻單氏年二十六寡居董塢岡

單興孝妻王氏年二十四寡居張婆塢

王良珌妻張氏年二十七寡居小柏

唐會茂妻徐氏年二十寡居唐田

王永萃妻黄氏早寡勤紡績撫遺孤以節稱居敏坑

唐職仁妻杜氏年二十三寡居棠溪

單仁安妻王氏事翁謹撫繼子義魁

單直清妻汪氏年十九寡並居晦溪　以上十六七都忠節鄉

任繼定妻裘氏家貧食苦撫孤成人以節著居石沙莊

童鴻瑄妻鄭氏早寡貞靜自矢以節著居上店

汪本純妻徐氏早寡歿年七十五

汪承均妻竹氏年三十寡歿年六十三

汪天元妻徐氏年二十六寡並居張墺

張德溢繼妻徐氏年二十九寡居沙園

尹天爕妻沈氏年二十六寡繼胞姪錫珩錫璜爲嗣並有聲

童聲澄妻馬氏早寡撫子名盛守節以終並居裏坂

錢維泰妻徐氏年二十四寡居謝巖

張亦梓妻盛氏年二十二寡以節終居大灣

丁正書妻黃氏年二十七寡居後嶂

張亦祥妻童氏年二十九寡居大灣

儒士童昌耀繼妻竹氏年二十二寡夫以課讀病卒撫前室王氏子女如己出勤儉持家動不踰節居上溪

呂業富妻俞氏年十八夫死欲殉以有四月遺孤黽勉撫育守節十年卒居溪後莊

諸生周承功妻相氏年二十九寡撫子禮鳳入太學孫樂天樂風居石頭堆

王世忠妻張氏年二十三寡撫四月孤修睦成立居強口

丁道麟妻王氏早寡勤儉持家撫孤成立

呂啓武妻張氏年二十八寡居後溪

俞廷瓚妻王氏年二十寡以節終

俞廷訓妻宓氏年二十四寡並居前岡

張德恆妻屠氏年二十七寡居沙園 以上十八九二十都遊謝鄉

竹守福妻汪氏撫孤成立備歷艱苦未幾子喪媳轉醮復撫養二孫矢節三十年居仁村

王待恩妻張氏年二十九寡撫子興治興日歿年六十四居王沙莊

王興能妻呂氏早寡家極清苦衣食悉恃十指一子一女賴以成立居東樹灣

儒士馮向綱妻童氏年二十九寡夫以課讀瘵卒守節三十一年歿居疊石莊

徐良玉妻張氏年二十九寡無子女苦節終身居禹溪莊

王士綸妻錢氏早寡撫孤盛伯守節三十六年居南塽莊

王見和妻沈氏早寡奉姑撫孤以節著居大王莊　以上二十一二都靈芝鄉

裘愷泮妻邢氏復旦女幼讀書知大義適裘翁姑早逝事祖姑盡孝家極貧夫病足又患腹臌氏脱簪珥具藥餌晝夜撫摩備極劬勞及卒喪葬如禮撫孤成立歿年五十三

裘怡清妻金氏事舅姑以孝著繼姑氏袁老而瘋困頓牀席六七

載時侍奉湯藥無倦容後於溽暑得下疾晝夜拭穢雖身染疾勿顧焉鄉黨中咸歎異邢復旦爲立孝婦傳

裘錦尙妻壽氏幼撫於外祖母盧氏病禱於神刲股以療之病愈後適裘翁艮年六十生惡瘡幾殆氏亦刲股療翁病輒愈祖母馬氏年八十三病臥牀者二月氏拭穢無厭苦人謂其有至性云

裘元法妻任氏年二十九寡性嚴肅言笑不苟撫藐孤教養兼至

裘恆鴻妻應氏早寡孝養邁翁慈愛子女

裘耀福妻魏氏年二十二寡敬事姑

裘文銳妻史氏年二十八寡　裘恆慶繼妻竺氏年二十一寡

裘懋炳妻相氏年十八寡　余言坊妻孫氏年三十寡

董宗漢妻湯氏奉老撫孤成立居江村

董復本妻徐氏撫孤育孫居江村

過開昌妻裘氏年二十八寡撫孤成立以上二十三四都崇仁鄉

胡道顯妻翁氏年二十二寡居宋家墩

監生馬志瓅繼妻屠氏年三十寡撫子亦鴻成立

增生馬垌繼妻宋氏年三十寡撫子錫蕃成諸生

馬素溶妻裘氏年二十七寡子志悌

馬志綱妻竺氏年三十寡繼子亦臣並居仁村

朱高崇妻馬氏年十八嫁未及期而寡與姑誦經度日歿年六十餘居西山樓莊

馬其汸妻張氏年三十寡居西山樓莊

任明輝妻馬氏年二十三寡奉上撫孤居柳岸莊

裘紹明妻應氏年二十四寡繼子嗣強居裘巖

王明謨妻胡氏年二十七寡居泥塘

馬志親妻裘氏年二十九寡守節三十二年以上二十五六都孝節鄉

陳發隆妻孫氏年二十七夫亡撫四齡孤大德成立後大德五世同堂居淡山莊

張煥噂妻黃氏年二十四寡居張家

舒河清妻張氏年二十五寡居馬家坑

裘奠初妻周氏年十七夫亡攜孤振采歸母家守節十餘年歿

監生裘名成妻祝氏年二十八夫亡撫子葆初蘭初成立歿年六十二

裘志明妻張氏年二十八寡卒年八十六並居崇仁鎮

金茂潮妻謝氏年二十七寡居金貂嶺下

張能純妻沈氏年二十四寡歿年四十五

張能杰妻竺氏年二十五寡歿年六十並居富順莊

史濟源妻樓氏年二十七寡居前村

馬濟泮妻黄氏年二十三寡居馬村

馬有倩妻金氏年二十五寡居城后

錢德顯妻周氏年二十七寡歿年四十八

金元千妻王氏年二十九寡　以上三十一二都富順鄉

邱壽先妻盧氏年二十五寡撫子勳揚居九里磻莊

范善譽妻王氏年二十七寡居范油車

樓仁恕妻張氏早寡無子繼姪啓楨爲嗣

儒士樓啓敬妻裘氏年二十四寡並居樓家

裘國詔妻斯氏年二十九寡居下王

錢蛟揚妻袁氏年二十八寡居古竹溪

錢蛟靈妻裘氏年二十七寡四十八卒

郭宗鎬妻屠氏年二十四寡四十六卒

王兆滿妻樓氏年二十八寡居薦坑 以上三十三四都崇安鄉

張永成妻錢氏守節四十年

張慶燮妻周氏守節二十五年

張慶趾妻邢氏守節十九年

商祖銘妻王氏守節四十九年

吳子溪妻戴氏年二十八寡居渭沙

劉漢廷妻宋氏年三十寡居洪家潭

裘祥復妻黃氏早寡繼姪柏松爲嗣以節著居前白竹 以上三十五六都羅松鄉

邢渭祥妻王氏王景章女初隨父湖南任所母病劇諸醫罔效潛禱於神刲股肉以療病得瘳錢錦山爲立孝女傳後歸邢僉稱賢焉

邢啓強女向妹幼知書善音律以母老矢志不嫁年三十二時母

氏錢建陽山書院侚妹臨終白其母以匳田三十畝助入義塾並居横店莊

劉建潮妻過氏年二十六夫亡撫孤國治成立居水竹菴

劉正富妻錢氏早寡矢志守節敬事邁姑居橋頭莊

邢瑞鳳妻周氏早寡奉姑撫孤長齋苦守

邢安美妻錢氏年二十四寡

邢安詩妻黄氏早寡事姑撫孤以節著

邢績三妻周氏早寡事姑孝姑病刲股療之

邢洪惠妻應氏年二十七寡歿年五十

應方釗妻胡氏食貧撫孤謹事邁姑錢氏相繼守節克嗣徽音

以上三十八九都太平鄉

儒士錢鶴林妻裘氏年二十寡姑病瘋攣侍奉三十年無倦色紡

績課子瞀瑞與叔讀書成諸生氏卒瞀瑞哀毀骨立人稱一門雙孝

錢世相女桂英毋氏張早卒事繼毋邢刲股療疾創重幾殆人無知者時年十四後父病哀毀成疾逾年卒

錢我增妻周氏年二十七寡紡績撫孤守志以終

諸生過一鑑繼妻錢氏夫亡矢志守節居宅前　以上四十四十一都長樂鄉

周孝源妻邢氏年三十寡歿年六十六　以上四十二都開元鄉

周恩烒妻劉氏年三十寡歿年六十六

張傳通妻商氏年二十八寡居上路西

葉榮韜妻裘氏年二十五寡守節至三十九歲歿　以上四十四五都積善鄉

呂正賢妻俞氏年二十九寡

呂正鎔妻何氏年二十八寡

呂元楚妻張氏年二十五寡撫子學才並居黄勝堂
高登科妻周氏年二十七寡居高家
孫紹錦妻沈氏年三十寡撫子榮貴
錢繼耀妻施氏年二十八寡子士俊
諸生錢繼高妻孫氏年二十九寡撫子士釗孫錦城並居甘霖鎮
袁時忠謝妻氏年二十九寡居黄箭坂
魏訓慶妻周氏年二十二寡居湖頭
求大任妻支氏年二十六夫亡矢志守節
求大覺妻趙氏以節著並居求家嶴
張允恭妻吳氏青年矢志撫姪爲嗣　以上四十六七都桃源鄉
支公卿妻商氏年二十一歲刲股救夫夫卒姑遇之虐奉事益謹歷四十三年如一日居支鑑路

張義均妻錢氏二十二寡咸豐辛酉冬洪楊軍竄嵊被害年五十八子有原居雅堂

袁繼海妻黄氏早寡以節著居招龍橋

黄賢魁妻袁氏年二十八寡

黄士貴妻呂氏年二十四寡並居查村

王欽翰妻竺氏守志撫孤居白泥墩

史致相妻張氏年二十二寡居浦橋

李道科妻喻氏年二十一寡居後朱

張源炯妻裘氏年二十六寡撫遺腹子成立

張遠美妻裘氏年二十七寡守節三十年

諸生竺家瑞妻周氏年三十寡歿年五十

李聖才妻袁氏年二十七寡並居範村　以上四十八九都清化鄉

袁章典妻王氏年二十八寡撫子玉振玉佩

監生范勤德妻張氏早寡以節稱

監生范勤禮妻任氏早寡矢志守節並居孟愛

丁年相妻張氏早寡以節著　周辰績繼妻金氏年二十八寡

李克殿妻屠氏年二十三寡歿年五十

張聖清妻胡氏年二十八寡居寶溪

袁肇湘妻屠氏年二十五寡居光明堂

李道金妻袁氏年二十八寡居溪口

周益智妻王氏早寡撫子孝恆守志居八宿屋

俞作新妻袁氏年二十八寡居蒼巖

謝世耀妻許氏年二十九寡居江夏

俞作義妻王氏年三十寡居殿前莊　以上五十五十一二都禮義鄉

周禮獻聘妻竺氏燕窠莊學高女年十八夫故過門守節事翁昌錦姑俞氏以孝著卒年二十四居潭遏村

俞作勳妻竺氏年三十寡孝奉翁姑慈育孤子鄉里稱其賢德歿年五十二歲居蒼巖莊　以上五十三四都昇平鄉

杜我鎮妻孫氏年三十寡　吳鳳妻陳氏年三十寡

吳勳妻陳氏年二十七寡　王殿卿妻鄭氏年二十六寡

吳裕鳳妻張氏早寡守節歿年六十三

吳鳳英妻錢氏早寡守節不渝歿年六十六

吳裕銳繼妻章氏年二十四適銳七旬銳疾作越九日卒氏孝奉邁翁撫前室子之琳成立歿年四十四

吳業燦妻秦氏年二十九寡歿年五十六

吳傳宗妻董氏早寡家貧堅苦守節撫孤成立　以上九人並居三界

吳浩然妻陳氏年二十七寡居楓樹嶺
王敬和妻閻氏年二十六寡居康坂
鄭兆南妻閻氏年二十寡居長橋
鄭宗源妻葉氏早寡食力撫四歲孤成立
張祖亨妻鄭氏年二十七寡子宜繩
張棟妻胡氏年二十八寡歿年五十七
吳升宁妻鄭氏年二十九寡並居楓樹嶺
錢克忠妻陳氏少寡事上撫下以節孝聞
錢克顯妻杜氏封股療姑慈撫二子
錢礽璧妻陳氏年二十九寡撫子宗舜
錢蘭田妻黄氏早寡善事繼姑撫子杏林並居茶園頭莊
沈秉直妻陳氏早寡撫子培枝守志以終

沈建滿妻金氏少寡無子撫二女以守節

沈瑞麟繼妻閻氏年二十九寡久事翁姑撫子茂槐邑人吴啓爲立節孝傳

沈傳誥繼妻嚴氏孝奉翁姑撫前室子如己出守節十七年隣里鮮見其人並居沈塘莊

杜東來繼妻金氏年二十八寡撫子世元世良居杜家堡

張周正妻陳氏早寡守志事翁撫子以節著居清水塘

張臯妻孫氏年二十六寡撫子畏三

張集繡妻龔氏早寡事舅姑久而彌敬教子聖昌以義方

張子振妻葉氏早寡撫子德英德本成立以上五十五都德政鄉

張文典妻孫氏年二十九寡

張武臣妻蔡氏年二十六寡並居王城

樓達尊妻蔣氏年二十二寡居巖潭

羅籍榮妻李氏年二十六寡

莫顯高妻葛氏年二十寡撫三歲遺孤成立並居莫墺

孫凝家妻張氏年二十二寡刲股療夫不愈守節撫子成立

孫芳劍妻鄭氏早寡足不出閨食貧苦守

孫顯名妻馬氏少寡無子奉姑撫姪以守志

孫凝沚妻丁氏年二十二寡

孫芳欽妻吳氏年二十九寡撫子明松並居孫墺

董復義妻杜氏年二十九寡撫孤宗鎬成家居芝塢山莊

王思禮妻張氏年二十九寡撫子品三槐三成立

王錫暘妻于氏年二十六寡並居上王莊 以上五十六都東土鄉

以上自陳思泰妻孫氏起至王錫暘妻于氏止並同治九年

請旌

嵊縣志卷二十終

嵊縣志卷二十一

列女志

節孝三

諸生鄭紹國妻高氏年十九夫亡無子與寡毋傭工度日以終其身

沈錫慶妻尹氏夫亡毀容截髮矢志靡他撫繼子金奎成立

宋世林妻金氏年二十寡守節以終

汪天漩妻宋氏早寡矢志撫孤窮而益堅

汪天漢妻袁氏夫亡守志撫子克襄成立

章岐泉妻劉氏居城中早寡勤紡績撫孤成立

李廷元繼妻陳氏早寡守志至六十二歲卒

李維潮妻唐氏早寡紡績撫遺孤以節稱

李繼銓妻謝氏年二十二寡

周亮夏妻吳氏早寡守節以終並居城東北隅

童廷章妻王氏年三十寡　廖海兆妻黃氏年二十七寡

盧廣鎮妻薛氏早寡以節聞　李錫芳妻孫氏以節孝著

桂正勳妻姚氏以節聞

喻道宏妾林氏夫故後所生子復夭嫡一痛而絕氏撫嫡二女繼姪忠杰爲嗣

喻忠杰妻袁氏夫故時家徒四壁上奉庶姑下育子女衣食住居悉取給縫紉守節彌堅

王奕清妻徐氏夫死事姑惟謹勗女以勤自太姑薛氏姑喻氏至氏一門三節居城中

儒士王炳鑒妻潘氏早寡孝事翁姑撫子宣猷導達成名

鄭基璉妻喻氏年二十八寡奉翁姑二十餘年
宋敦粹妻李氏早寡守志事親撫孤安貧自守
盧華淼妻鄭氏少寡無子善事病姑撫姪維翰爲嗣
薛茂春妻賈氏少寡無子守節以終並居城西南隅
儒士章功鍊聘妻竺氏幼字章氏咸豐二年五月功鍊病故氏聞訃奔喪及葬父勸之歸氏守制不返善事翁姑翁姑歿喪葬盡禮後夫弟功鉅與妻並歿氏子身苦守里鄰憫惻繼姪建生爲嗣居章村衕
吳增修妻葉氏居𠛷塍莊　喻忠治妻竹氏
喻孝常妻王氏以上三人並以節著
盧宣治妻魏氏早寡撫子德鈞德勳
趙堅惠妻唐氏並居石板頭　周金枝妻劉氏居周塘沿莊

王餘坤妻竹氏年二十五寡撫子慶芳成名以上一二都仁德鄉

林喜志妻陳氏年二十九寡守節二十五年居蔣家埠莊

朱嘉宰妻俞氏年二十餘寡以節終居何家鄉

陳繼揚妻沈氏毀容守節撫孤成立

林寶琛妾張氏早寡生子本宏在襁褓嫡室吳氏攜往撫育未幾嫡死氏茹苦撫養動不踰禮

鄭元煒妻王氏早寡茹苦撫孤

尹天全妻竺氏早寡守志撫孤後子死媳醮誦經度日

朱嘉才妻鄒氏年二十三寡以上三四都康樂鄉

葉守三妻孫氏早寡撫子滋本入成均

葉守儉妻王氏年二十七寡

應志秀妻吳氏夫亡撫孤守節矢志堅貞並居大屋莊

張元鑑妻王氏夫故辛勤守節

葉守株妻吳氏年二十八寡並居上林

鄭成秀妻王氏年二十九寡居浦口

沈克剛妻章氏年三十寡居沈家塢

孫在國女閨貞性至孝以親老不欲字人或議婚輒泣阻父母憐之撥田十餘畝以贍其老事父三十年事母三十五年

孫明榔繼妻姚氏婚未期寡撫前室子德松如己出並居枝溪莊

吳如槐妻鄭氏年二十九寡

吳雲慶妻王氏年三十寡

吳如霖繼妻姚氏年三十寡

拔貢吳鵬飛繼妻王氏年三十寡並居棠溪　以上六七都崇信鄉

唐惟周妻葉氏撫孤孝清成立奉孀姑宋氏惟謹一門雙節居下唐莊

胡榮貴妻王氏早寡家貧傭工撫子茂雲成立居胡宅

魏咸盛妻金氏年二十五寡居湖頭

黃忠岳妻王氏年三十寡居柏樹塘

袁玉愷妻周氏年二十五寡居石橋

竹昌淇妻童氏年二十六寡居東郭

金全春妻楊氏年二十三寡居王明堂

魏建裕妻竺氏年二十一寡居白泥墈

章道元妻王氏早寡撫子義清守節居塘頭

魏年貴妻俞氏夫亡守節四十一年

魏本永妻王氏年二十六寡居周家坂　以上八九十都箴節鄉

王盛源妻吳氏夫故撫子培寶守志居東王山

屠奎勞妻李氏少寡撫藐孤成立居石蟹

單午勞妻屠氏早寡家貧傭工撫孤成立

王世尊妻魏氏早寡無子精女工藉以度日以上十一二都靈山鄉

姚祥耀妻吳氏年二十七寡居晉溪

竺松年妻呂氏年二十八寡

竺欽岳妻姚氏年二十寡並居后山

王小毛妾竺氏年二十九寡居馬家塘以上十三四都金庭鄉

王正槐妻蔣氏二十三寡三世完貞

王忠老妻唐氏年二十五寡居北莊

王開林妻吳氏年二十九寡居東林

王英彩妻竺氏年二十寡居孫溪塢

王乃慶妻姚氏年二十七寡居簹坑

董承耀妻單氏年二十九寡居董塢岡

翁紹縉妻王氏年二十八寡居大坑

陳孕沛妻王氏年二十六寡居嶺下

唐友均妻單氏年二十七寡居唐田

王協中妻許氏夫亡奉翁撫孤以節聞居蘆田

單自興妻王氏夫故紡績以節稱居石門

唐步安妻童氏年二十八寡居棠溪　以上十六七都忠節鄉

汪宣德繼妻竹氏妾姜氏同守苦節以終居張墺莊

王利富妻魏氏年二十七寡孝事翁姑撫孤貞松居碑山莊

貢生任涓妻吳氏早寡以苦節著妾江氏性賢淑同嫡吳氏共矢柏舟卒年俱五十餘居石沙莊

丁千喜妻裘氏夫亡守志撫子女艱苦備嘗居後莊

錢德法妻屠氏年二十九寡居謝巖

俞玉林妻竹氏年二十一寡居車衢

徐東曜妻王氏居沙田莊

童子才妻王氏性堅定與東曜妻並以節著

尹慶周妻李氏年二十八寡

沈遠望妻王氏夫亡守志撫子紉初成立並居裏坂

趙禮佩妻周氏早寡撫孤景煬守志以節聞居前岡

以上十八九二十都遊謝鄉

沈遠沐妻竺氏年二十三夫出亡不可蹤跡有風氏擇人以事者氏唖之守節以終居沈家灣

徐大有妻龔氏年二十四寡居馬墺

沈行信妻房氏年二十七寡子成章

祝仁興繼妻傅氏夫亡守志事姑孝教子嚴

李道堃妻王氏夫故奉親撫孤以節稱（並居祝墺）

鄭成宗妻魏氏夫亡養老撫孤守志以終（居鄭家）

王盛瑞妻陳氏早寡敬養二老撫四子成立

王盛周妻魏氏早寡事姑撫子以節聞

王盛化妻吳氏少寡事姑訓子以節聞（並居南墺）

王繼豐妻吳氏年二十寡

王繼能妻孫氏年二十八寡（並居康坂）

監生沈遠海妻吳氏（居沈家灣）

朱周易妻傅氏

朱興善妻徐氏年二十三寡六十四卒（並居李家鋪）

竹澄清妻屠氏早寡事上撫下以節聞（居仁村）

以上二十一二都靈芝鄉

裘德新妻袁氏年二十寡撫遺孤婚娶後相繼俱夭氏隻影煢煢

志操彌堅

裘耀仁妻張氏早寡奉姑孝治家嚴撫孤成立矢堅貞居溪灘莊

諸生裘愷悦妾馮氏年二十九寡撫子素旺成立

裘顯炳妻張氏少寡無子敬翁姑睦妯娌以節著

裘兆杞繼妻相氏年二十七寡

裘忱豪妻張氏年二十四寡　裘怡艾妾俞氏年二十七寡

裘岐山妻周氏年二十八寡　諸生裘若瑗妻史氏二十九寡

裘觀傳妻范氏年二十八寡　監生裘道元妻張氏年三十寡

陳文祥妻張氏居嶺頭山　裘尙粹繼妻袁氏二十三夫亡

史濟瀛妻袁氏年二十七寡　監生史瑞靚妻裘氏夫亡守志

監生史彬妻馬氏年三十守志奉尊章和妯娌孝敬倍至居家有禮法迄今孫登仕版遊泮水皆氏節孝之遺蔭焉　以上二十三四都崇

仁鄉

李維煥妻裘氏幼嫻壼範孝奉翁姑（居李家宅）

費立智妾裘氏年三十寡（居趙馬莊）

王學憲妻徐氏年二十九寡（居王家广）

沈正晃妻汪氏夫亡孝奉邁姑撫三子成立

沈明誠妻邢氏年二十六寡撫孤守節

沈明高妻王氏年二十四寡撫孤守志以終

沈善炳妻周氏早寡撫孤傳煦成立辛酉洪楊軍陷嵊傳煦陣亡氏聞不泣曰吾兒得死所矣（並居趙溪）

馬志品妻裘氏年二十六寡撫二子亦茹亦濂成立（居仁村）

李惟懋妻高氏夫亡撫孤守志（居柳岸莊）

諸生史翼繼妻吳氏年二十九寡以節孝聞

張益模妻朱氏年二十六寡居三畝樓

應佩𦍋妻張氏年二十三寡

應欽鰲妻裘氏年二十四寡並居秀才灣　以上二十八九都永富鄉

錢明林妻裘氏年二十九寡撫子乾燦乾貴乾榮

錢世員妻俞氏年二十四寡撫孤明煌並居前村

樓仁覆妻張氏年二十二寡守志以終

樓仁遂妻張氏年十九寡守節終身

樓仁泮妻金氏年二十九寡矢志以終

張繼周妻黃氏年二十四寡矢志完貞

張昌林妻黃氏年二十八寡辛勤守志白髮完貞

馬素錦妻裘氏早寡撫子志欒守志以終居仁村

張昌鳳妻黃氏年二十八寡居箬帽墩

黃賢佐妻裘氏年二十一寡居礁頭

王良興妾應氏年二十九寡居穀來

董武炘妻馬氏年二十一寡居城后

裘德楷妻馬氏年三十寡以上三十一二都富順鄉

沈名法妻王氏二十六寡勤紡績養翁姑撫子積誠以節稱居泉塽

蔣寧康妻黃氏年二十二寡居王家

裘光繩妻張氏年二十六寡居下王

商國林妻鄧氏早寡紡績事翁姑數十年如一日以節孝聞

黃忠元妻裘氏年三十寡守節以終

黃良金妻周氏年二十七寡並居蔡墅

范用漢妻錢氏年三十寡居范油車

樓仁勇妾周氏年二十九寡居樓家

錢登孝妻張氏年二十二寡居羅村　以上三十三四都崇安鄉

王運珖妻黃氏年二十九寡撫子紅泉守節以終

王洪法妻張氏年二十八寡子大信

王洪魁妻商氏年三十寡並居石璜

王權春妻李氏早寡無子事親撫姪以節著居趙家

馬英連妻張氏年二十三寡苦志守節以終　以上三十五六都羅松鄉

黃希泰妻商氏年二十五寡

黃希增妻錢氏年二十三寡並居江下

樓良金妻周氏年二十二寡居苦竹莊

王祥海妻劉氏年二十九寡居董村

儒士錢福超妻俞氏年二十八寡　以上三十七八都剡源鄉

呂知寶妻錢氏年二十六寡居黃金叢

王洪裕妻馬氏年二十九寡居崑溪

邢遵淼繼妻錢氏妾王氏遵淼原配入貞烈祠繼室憲奬妾年二十而寡撫子華亦以節著以上三十八九都太平鄉

錢良謀妻宋氏年二十九夫亡矢志孝奉翁九年姑二十五年以節孝稱

錢世暘繼妻姚氏年二十六寡苦志事姑百折不回

錢昌裕妻陳氏年二十九寡守志終身

錢旺渠妻胡氏年二十五寡矢志終身

錢謨材妻金氏年三十寡苦志守節

錢我楷妻呂氏年三十寡

過蘭鍾妻朱氏年三十寡居梓溪

錢柏松繼妻周氏年三十寡

過開卷妻錢氏二十五寡居宅前

以上四十四十一都長樂鄉

周葉珍妻錢氏年二十九寡　周孝槐繼妻金氏守節以終

周友箴妻錢氏年二十八寡　監生周枚妻錢氏年二十八寡

周從本妻黃氏年二十八寡夫亡事舅姑撫遺孤以節終

歲貢生周敬丹妾樓氏撫孤早夭又撫孫爲人皆惜之

周恩寰妾陳氏年二十七寡苦志堅貞

鄭建奎妻史氏年二十寡奉親撫孤居珠溪　以上四十二都開元鄉

史濟坤妻張氏年三十寡

周蔚三妻馬氏年二十八寡

周和音妻陳氏年二十六寡並居鄭莊

張九臯妻黃氏年二十五寡居路西

錢芳芮妻張氏年三十寡居張家

陳祖鎔妻李氏年二十七寡撫子金清居湖頭莊　以上四十三都繼錦鄉

周醇蛟妻鄭氏年二十七寡
張生茂妻王氏年二十九寡
張高甡妻陳氏年二十二寡並居下路西莊　以上四十五都積善鄉
呂福坤妻王氏年二十三寡居黃勝堂
尹嘉玉妻王氏年二十八寡居尹家
錢宏濂妻陳氏夫死撫子繼榮以節稱居甘霖鎮
徐金法妻趙氏年二十六寡居東王
高祖舜妻任氏年二十九寡居上高
袁時清妻章氏年二十九寡居黃箭坂
張思剛妻裘氏早寡家貧守節奉老撫孤
宋萬寶妻周氏年二十九寡居鴨舍坂　以上四十六七都桃源鄉
俞泰松妻徐氏年二十九寡夫亡子殤善事翁姑二十五年以節

稱居浦橋

袁玉森妻俞氏年三十寡矢志靡他撫三子成立居東山

史善燮妻袁氏年二十四寡

吳德容妻黃氏年二十八寡居江田

王宗亢妻金氏年二十二寡居白泥墩

王天祿妻李氏年十六寡居後朱

支公啓妻袁氏年三十寡居支鑑路

黃顯中妻劉氏年十九寡居查村

以上四十八九都清化鄉

俞香林妻陳氏年二十三寡

俞存浩妻陳氏年二十九寡

俞作餘妻宋氏年二十三寡

俞維儀妻魏氏年二十五寡子協棟

民國廿三年印

儒士俞作璋妻張氏錫齡女年二十適璋璋善讀書工制義赴府應試以病卒於寓氏婚纔三載哀毁骨立撫孤紹袁成立並居蒼巖

張培灝妻喻氏年二十九寡居寶溪

陳武潮妻沈氏年三十寡居嶸嶺莊

史積化妻裘氏年二十一寡孝舅姑訓猶子居搗臼廾莊

李登魁妻張氏與姑袁氏一門雙節居溪口莊　以上五十五十一二都禮義鄉

全金惠妻吳氏年二十九寡居潭遏

袁廣屋妻竺氏年二十二寡居碧溪

單天品妻宋氏年二十七寡居馬路堂

馬學燊妻施氏早寡事舅姑撫遺孤以節聞居下馬莊

竺紹治妻屠氏年二十六寡守節以終　以上五十三四都昇平鄉

龔德茂妻劉氏早寡家赤貧奉姑撫孤無怨言避難拾金尋失主

還之在長與地施茶柴水躬親行人感之居大塽莊

沈允中妻張氏年二十寡家貧紡績奉翁姑撫遺孤鳴鶴鳴竹成立居溪灘莊

沈名高妻王氏少寡撫二子成立備嘗艱苦後享高年四世同堂居前塽莊

閻立治妻馮氏年二十八寡無子苦守居溪頭莊

鄭天然繼妻梁氏天然屢試不售鬱鬱死氏攜子寄食小姑家傭工養子娶媳成家

鄭之田妻陳氏年三十寡

鄭法周妻陳氏年二十九寡

鄭祥風妻陳氏夫亡奉養邁翁撫子紳成立並居長橋

陳紹美妻祝氏夫亡孝事翁姑撫遺腹子又夭同媳沈氏撫弱孫

成立

陳家治妻傅氏年二十六寡守節以終並居前巖莊

張丹鳳妻陳氏年二十三寡撫子愼元奎元成立

張朝綱妻鄭氏早寡撫子鳳鈞秉鈞化鈞成立

張賢豪妻黃氏早寡事翁姑訓遺孤以節孝聞

張宜繩妻王氏居清水塘

吳之溶妻張氏年二十八寡

吳賢棟妻鄭氏年二十四寡撫孤成立

杜庭美妻吳氏少寡繼姪嘉泰爲嗣以節終並居三界 以上五十五都德政鄉

蔡啓運妻胡氏早寡孝養翁姑撫子繡文成立居東林

孫繼相妻夏氏少寡奉翁姑惟謹撫繼子虛齋守志終身

孫亦均妻鄭氏年二十二寡並居孫墺

王立春妻戴氏年二十八寡居上王

杜心善妻任氏居杜家堡　諸生樓景川妾韓氏居顯潭莊

張武琛妻樓氏年十八寡　張孔贊妻董氏二十五寡並居王城

馬聖魁妻黃氏年二十三寡居馬溪　以上五十六都東土鄉

以上自鄭紹國妻高氏起至馬聖魁妻黃氏止同治九年請

旌

盧廷蘭繼妻史氏年三十二寡歿年五十三

鄭立信妻應氏勤儉持家貞聲素著

孫世彰妻陳氏年三十四寡歿年六十

沈天眞妻童氏年三十一寡五十六歲卒

章恕堂妻張氏歿年七十二並居城東北隅

李尙惠妻王氏年三十三寡撫子紀倫成立

高楚材妻厲氏年三十五寡並居城西南隅

王武仁妻朱氏年三十一寡茹苦撫孤

王有亨妻喻氏撫子餘坤居泥塘　以上仁德鄉

監生丁章之妻張氏乾隆時人事姑撫孤言笑不苟計守節三十二年居過江

增生婁承欽妻童氏年三十五寡繼姪爲嗣以節終居官莊塘

丁載模繼妻竹氏年三十四寡撫子振鴻振雁

徐安域妻茹氏少寡子殤媳嫁以苦節終

童國選妻呂氏年三十五寡紡績撫孤　以上康樂鄉

吳恆足妻魏氏年三十五寡

監生吳金臺妻王氏早寡奉姑養子以節終

吳金葵妻翁氏年三十一寡　吳金櫻繼妻王氏年二十五寡

吳金治妻顧氏年三十三寡並居棠溪

金聖瑛妻商氏早寡撫孤守節居上江莊

孫在松妻章氏少寡家貧撫子以苦節聞

孫明煜妻竹氏夫死無子藉女工以存活

周有惠妻鄭氏撫叔子兼三成名並居枝溪莊

黄永譽妻任氏刻苦成家撫孤成立

黄國泰繼妻蔣氏年三十四寡並居新建莊

葉自剛妻孫氏撫子守省守三居上屋莊

茹士倈妻孫氏年三十一寡居拖塍以上崇信鄉

廩生魏蘭汀妻樓氏年三十三寡繼叔子福生爲嗣善事翁姑出

己貲刻夫夢香存稿幷祔主越郡詩巢

魏可治妻陳氏清苦守節年七十二歿撫子年聖成立

諸生魏渠成妻俞氏並居湖頭莊

丁道甡妻龔氏年二十五寡居艮村

魏盛豪妻姚氏年二十四寡居趙家

沈艮悌妻錢氏年二十一寡居下唐　以上笙節鄉

丁升明妻李氏年二十一寡撫子洪烈洪松洪獻成立

丁顯治妻魏氏年二十二寡並居靈山鄉許宅

姚培音妻陳氏年二十二寡守節四十一年撫遺腹子成立

姚桂春妻王氏年二十二寡撫孤成立並居晉溪莊　以上金庭鄉

唐職鍊妻杭氏年二十一寡撫子步嵩步龍歿年八十五居棠溪莊

唐欽明妻王氏終身茹素撫子友國居唐田莊

周承問妻竺氏歿年八十二居安濟

周學胤妻於氏年二十二寡居湖潭

王方文妻姚氏居小柏莊　以上忠節鄉

丁千宰妻楊氏事寡姑撫遺孤備歷艱辛人稱一門雙節居張墅莊

俞金高妻王氏年三十二夫亡守節八十餘歲歿並車衕莊

任績嘉妻尹氏年三十五寡貧誓守無二持身不苟居石沙莊

儒士徐自錦妻袁氏年三十寡撫子開益孫春葵成名歿年七十四歲

徐傳文妻王氏年三十一寡並居白巖莊

童聲韶繼妻李氏撫孤名泰居裏坂莊

李克耀妻童氏年三十三寡居唐坵

張艮鼎妻李氏年三十五寡居大灣

張德治妻葉氏撫遺腹子以苦節終

張之基妻徐氏奉翁姑撫孤以終並居沙園

竹澄茂妻任氏撫子三模傳模松模遠歿年六十九歲

竹澄瀚妻王氏年三十寡並居仁村莊　以上遊謝鄉

裘光和妻張氏早寡守志性和慈以樂善好施聞居溪灘莊

何德泰妻馬氏年三十一寡居石門

應佩稱妻俞氏以節孝著

馬義佳妻張氏康熙時人年三十一寡撫子允達允才允惠居西山樓

李家琮妻屠氏勤儉撫孤惟艮惟善有成居後岸莊

沈正春妻費氏少寡以孝慈稱居趙溪莊　以上孝節鄉

儒士張本傳妻支氏年三十二寡勤紡績撫遺腹子成立

張樹豪妻孫氏年三十三寡

張培政妻徐氏年三十四寡

張行信妻馬氏繼姪爲嗣並居張家

裘雲初妻邢氏歿年五十三　增生裘登成妻沈氏二十五寡
裘亨元妻宋氏歿年六十七　諸生裘曰琛妻馬氏三十五寡
裘道伸妻過氏年三十四寡　裘功績妻錢氏年三十三寡
儒士費華永妻張氏居趙馬　金彥賓繼妻汪氏年三十四寡
裘道顯妻張氏撫二子敦義敦豪
裘聖橼妻馬氏奉邁姑撫子德新
監生裘恩銘妻金氏孝奉舅姑
張樹椿妻應氏事姑撫孤茹素終身　以上永富鄉
張恭位妻陳氏歿年七十二
張行忠妻應氏年三十四寡歿年七十四
黃純玉妻裘氏守節十九年撫子艮傳有成　以上富順鄉
張必槐妻周氏年三十五寡居牛程

張家暢妻黃氏歿年六十三居培坑

樓行懋妻王氏歿年八十居樓家

范士佐妻史氏年三十三寡歿年七十七

范善法妻錢氏歿年七十九並居范油車莊以上崇安鄉

張榮林妻葉氏年三十五寡亦貧無子敬事翁姑

張忠勳妻錢氏年三十四寡歿年七十並居新屋

張慶銘妻沈氏年三十二寡守節二十三年

張慶佩妻黃氏年三十三寡守節二十三年並居下張以上羅松鄉

嚴成章妻張氏年三十一寡歿年六十一居棗園莊

監生錢世安繼妻丁氏年三十五寡居山口以上剡源鄉

州司馬邢溥妻史氏居太平鄉溥死孝養舅姑姑病禱於神刲股肉和藥以進鄉里賢之

儒士邢象軫繼妻錢氏善事翁姑苦育子女並居沃磯

邢孫絅妻錢氏歿年八十一居堪頭

邢彩玖妻錢氏康熙時生居橫莊

王洪訓妻劉氏孝翁姑撫繼姪居崑溪

劉達法妻王氏歿年七十八以上太平鄉

錢傳絅妻史氏奉親訓子勤儉持家居長樂鄉

周恩廣妻呂氏歿年六十八　監生周允文妻錢氏年六十六

周孝運妻竺氏歿年七十五　周仁睿妻葉氏歿年六十五

周恩濤妻宋氏年二十五寡孝事翁姑以節終

諸生周漢倬繼妻裘氏年三十一寡以上開元鄉

史兆志妻錢氏居蔡山灣　周和風妻喻氏居繼錦鄉鄭家

宋紹鏜妻張氏歿年七十四居宋家

張公巨妻胡氏歿年八十五居西王莊

諸生周吉士妻金氏居上朱莊

諸生張啓望妻馬氏歿年八十

張高釗妻孟氏並居下路西莊　以上積善鄉

鍾元奎妻袁氏年三十五寡

錢芳義妻張氏年三十五寡歿年七十一並居甘霖鎮　以上桃源鄉

史積勤妻陳氏年三十二寡居浦橋撫子善鑑

吳積淇妻史氏年三十一寡歿年五十

吳積淞妻費氏撫孤成立

吳錦峯妻徐氏並居江田

李作蛟妻曹氏歿年七十二居杏村

監生張烈妻鄭氏守節二十六年

竺孝芹妻沈氏孝事衰翁義方訓子

竺光越妻王氏守節二十八年並居範村莊

陳敬鰲妻史氏歿年七十撫子葉根成立居嶺根莊

沈艮備妻屠氏歿年七十三撫子世桂居麗湖莊

周佩珊妻陳氏歿年七十一撫子占魁居八宿屋莊以上禮義鄉

監生袁茂爵繼妻吳氏年二十五寡撫前室子廣漢如己出親子

廣淮

儒士袁廣運妻謝氏子時潤並居碧溪莊

全聲洪妻張氏年三十四寡居潭遏以上昇平鄉

錢礽謨妻張氏年三十五寡撫子宗聲宗靜成家歿年六十九

錢宗瑞妻鄭氏善事繼姑子孫昌熾

錢伯化妻羅氏歿年五十九子光德

錢仕元妻馬氏雍正時生撫子英玉

錢兆奇妻張氏家赤貧撫孤成立

錢聖端繼妻張氏撫八月孤兆茂

錢礽本妻王氏雍正時生繼子成立

錢兆贊妻沈氏撫子友德　　錢英敏妻徐氏撫子兆才兆立

錢友德妻陳氏撫育二子並居茶園頭莊

沈其廣妻鄭氏孝事翁姑夫臥病十餘載勤奉湯藥教孤成立勤勞起家乾隆十六年歲歉出粟賑貧晚年修橋砌路濟危急者不少今曾元鵲起焉居沈塘莊

廩生萬士龍上虞籍妻鄭氏忠孫妹歿年五十一

吳三益妻王氏卒年六十六並居三界

鄭庠英妻沈氏夫亡無子撫姪成家

鄭秀棠妻吳氏撫子端生壬戌被擄

吳升堂妻鄭氏撫子會萃居楓樹嶺

沈道隆妻王氏夫亡守志以節終

張子明妻楊氏孝事老姑撫子爾嘉

張國泰妻宋氏康熙時生歿年六十八撫子開乾開功成家居清水塘

鄭才源妻盧氏歿年五十九以上德政鄉

王廷標妻張氏歿年七十六撫子殿芹居上王莊

張武佳妻孫氏歿年六十八居王城

羅源如妻董氏歿年五十一居莫墺

馬瀧妻盧氏年三十五寡居馬溪　樓維嶽妻金氏歿年八十居顯潭

王錫琦妻鄭氏歿年七十三以上東土鄉

武生高銳妻張氏撫子成立　諸生沈慶瀾妻王氏以苦節著

汪克寬妻邢氏撫子廷蘭廷燮

鍾啓昌繼妻祝氏年三十四寡並居城東北隅

喻忠言妻丁氏守節以終

王有勇妻金氏年三十一寡零丁孤苦清潔自勵居仙人坑

周和志妻吳氏居方山鄉周塘沿莊年三十三寡勤儉持家繼姪爲嗣

喻忠方妻金氏守志以終

喻孝宏妻湯氏苦志守節以上仁德鄉

袁殿春妻陳氏守志以終居楊柳塘

徐名淡妻成氏年三十三寡居小溪莊以上康樂鄉

李繼昌妻金氏年三十五寡居城中

王大悌妻魏氏守柏舟志撫孤嘉位

職員張思堯妻吳氏堅貞矢志善撫子孫並居上林

職員吳如珍繼妻笠氏　職員吳鏞妾瞿氏年三十一寡

吳雲程妻蔣氏三十三寡　吳占法妻金氏二十五寡並居棠溪

孫明昆妻宓氏紡績撫孤居枝溪莊

葉維枝妻孫氏奉姑撫子克全大節

喻道清妻盧氏二十四寡守節以終

監生葉峻飛繼妻沈氏　葉學旦妻于氏二十四寡並居大屋

孫在廣妻史氏三十二寡　孫德江妻樓氏子心祥並居珠溪

盧元清妻林氏年三十三寡居招村

陳艮才妻蔣氏年三十四寡居下陳　以上崇信鄉

魏佐廷妻馬氏　魏在貴妻呂氏

魏超倫繼妻陳氏並居湖頭　魏素霖妻葉氏居後棗園

竹與濱妻葉氏守節以終　監生魏承業妻陳氏居白泥坳

章正禮妻許氏年三十二寡苦志守節居塘頭

金孝貴妻李氏年三十寡居王明堂

王祖廉妻盧氏繼姪靈泉居周家坂

魏守寶妻馮氏撫週歲孤養姪如子　以上笠節鄉

求聖昌妻王氏年三十二寡居靈山鄉求家莊

笠鳳鳴妻王氏堅貞苦節居后山莊

王紹信妻許氏守節以終居馬家塘　以上金庭鄉

王專中妻李氏年三十二寡撫遺腹孤成立

王國中妻宓氏年三十三寡子正權並居蘆田莊

王繼明妻成氏以節聞居高峯

韓忠武妻周氏年三十五寡居石坑　以上忠節鄉

監生童礽華繼妻張氏年三十五寡性柔順恪守閨訓課子成立克振家聲居上店莊

徐金臺妻屠氏以守節終

武生徐金奏繼妻李氏年三十二寡並居白巖

丁千陞妻王氏年三十一寡　丁載武妻尹氏三十三寡並居后嶂

張務時妻李氏年三十五寡　張志端妻屠氏守節以終

竹增槐繼妻王氏年三十四夫死無出撫前室子逾所生居仁莊村

馮尙璋妻魏氏年三十二寡矢志不渝

喻之濂妻丁氏年三十四寡居漩水灣

屠乃盛妻唐氏家貧子幼誓守了溪

張啓賢妻史氏以節聞居山頭等

張奕勳妻施氏年三十五寡居大灣

秦孝恭妻賈氏撫子金玉居裏坂　以上遊謝鄉

例貢裘怡英妾陳氏年三十三寡與嫡氏錢敬事九十一歲邁翁

無倦色

裘文雅繼妻黃氏孝奉翁姑撫前室子如己出素食布衣勤苦備至以節孝著

監生裘顯湖妻高氏城中心銓女孝養邁姑教子耀秀耀科成立

監生裘愫旺妻張氏年三十四寡

諸生裘振妾馮氏撫子修日成名

監生裘濡妾周氏撫子紹成名

裘鳳儀妻張氏撫子國華成立

監生裘腋成妻張氏年七十一卒

監生裘文彬妻劉氏三十二寡

諸生裘德成妻孫氏事姑撫子

裘振傑妻黃氏年三十五寡並居崇仁鎮

監生任恤妻裘氏年三十四寡撫子學銘學虞居下安田　以上崇仁鄉

監生張惠廷妻裘氏

張煥鎬妻馬氏並居張家

徐大英妻朱氏居畚箕灣　舒琴清妻應氏居馬家坑　以上永富鄉

裘聖謨妻樓氏年三十四寡撫子沛錦沛鈞居前村

監生黃珏盈繼妻裘氏年三十五寡

卞文悌妻馬氏年二十三寡苦志四十五年居卞家山等

馬克敦妻陶氏居舉坑　張發威妻裘氏守節以終

張能進妻宋氏　邱綠袍妻裘氏

張承本妻黃氏　樓仁溥妻謝氏

張恭己妻周氏　黃珏熹妻周氏　以上富順鄉

監生李元泂繼妻樓氏捨己貲建積善橋以濟行人居長坑莊

夏奇雲妻裘氏年三十四寡撫子伯倘居下相莊

朱盛猷妻張氏年三十五寡居流沙

諸生丁鏞妻張氏撫子禹河禹源

裘書楷繼妻宋氏居下王莊　李元耀妻范氏以上崇安鄉

張杏林妻史氏居新屋　王繼海妻黃氏以苦節著

王祖懿妻陳氏年三十四寡撫子傳道傳高

王祖培妻尹氏繼子傳珍並撫孫焉並居石璜莊

吳應進妻王氏年三十五寡居渭沙

史善梁妻張氏居前家坑以上羅松鄉

儒士錢登春繼妻周氏

錢登豪繼妻沈氏並以節著居山口莊以上剡源鄉

邢安寶妻過氏家赤貧撫三子成立居大崑莊

邢祝三妻周氏以節終居橫店　武生邢煥照妻錢氏居𡺸頭莊

劉振華妻周氏年三十四寡壽八十餘以上太平鄉

監生錢家和繼妻周氏幼無兄弟誓不字終身養父或議婚父亦

不忍拂其意後家和妻故聞氏賢再四倩人議婚父允之未幾家和病亡氏聞訃適錢易服成禮撫前室子如己出嗣父喪歸營葬祭兩家並賴之

錢高上妻周氏年三十二夫亡善事邁姑十餘年喪葬循禮撫藐孤成家立業

錢敦性妻過氏敦性遠遊豫中氏料理家務孝事翁姑二十四年

錢昌愼妻張氏姑病癲朝夕聒噪敬事無違撫二子成立

過芳春妻蔣氏賦性貞靜不苟言笑奉養寡姑以節孝著居金潭莊

過康銘妻錢氏居尤家村　錢芳讓妻王氏

錢芳奎妻邢氏　錢星華妻童氏

錢我秀妻黄氏年三十四寡事上撫下

監生錢我溥妻尹氏年三十二寡　以上長樂鄉

周恩瀚妻邢氏家赤貧藉十指餬口終身無怨言

周恩承妻韓氏年三十四寡以節終　以上開元鄉

袁章坤妻裘氏年三十五寡居花橋

呂芳高妻葉氏居樓下　以上繼錦鄉

胡登嶽妻黃氏居大王廟

監生裘桂馨妻馬氏三十一寡

裘錦旺妻周氏並居上路西

張朝清妻樓氏居下路西

周世林妻鄭氏居上朱

陳安鈞妻葉氏年三十三寡

郭純恩妻商氏撫子邦森邦權並居前王

葉詩江妻尹氏居葉家　以上積善鄉

莫朝興妻陳氏年三十五寡撫子有寶叶七

尹嘉燦妻錢氏久事翁姑撫成三子居尹家

尹慶雲妻周氏上事下育兼盡其勞

錢錦文妻金氏撫子福炳並居甘霖

儒士俞升忠妻周氏年三十三寡居王郎地

張忠員妻周氏居東王

李德武妻求氏年三十二寡

俞信行妻馮氏居俞家磡

宋萬元妻錢氏

楊連發妻張氏居上洋坂 以上桃源鄉

尹錫奎妻袁氏年三十五寡

張慶鰲妻曹氏

張孝厚妾章氏並居範村

李聖楠妻張氏撫子海珍居查村

李念浩妻裘氏

袁茂林妻錢氏居黃箭坂

李德盛妻樓氏並居雅洋

周世和妻王氏居寺前

宋萬選妻王氏並以節著居鴨舍坂

張慶沅妻屠氏

竺光家妻葉氏

金聲和妻黃氏居雅堂

以上清化鄉

儒士俞存貞妻陳氏

俞慶連妻朱氏

俞作相妻張氏年二十二寡

俞佳祥妻呂氏並居蒼巖

俞作鹽妻沈氏居殿前

陳慶松妻錢氏並居田東莊

金本翰妻陳氏居東山 以上禮義鄉

儒士袁秀峯妻宋氏居昇平鄉

吳裕紹妻葉氏二十四寡無子

吳光茂妻陳氏

吳裕公妻張氏繼姪爲嗣

吳春富妻周氏年二十二寡

章鎮惠妻鄭氏二十二寡無子

沈秀槐妻王氏並居三界

吳繼發妻章氏二十五寡

鄭鳳愈妻童氏茹苦守節

鄭可鈞妻童氏撫姪成立並居長橋

沈建仁妻杜氏久事翁姑撫子秉鉉

沈萬昌妻鄭氏孝事病姑勤育稚子

沈萬祥妻陳氏並居沈塘莊

朱德進妻張氏撫孤成立

朱國美妻王氏夫故子殤以苦節著

朱武林妻陳氏紡績撫三孤成立並居溪灘

吳錦成繼妻陳氏撫孤早夭苦志終身居三界

儒士張際亨繼妻吳氏撫子乃憲成家以上德政鄉

樓乾友妻鄭氏居巖潭

蔡大信妻孫氏二十二寡居東村

諸生孫恆妻董氏子震緒居孫墺以上東土鄉

以上自盧廷蘭繼妻史氏起至孫恆妻董氏止並係同治九年請獎

監生任植繼妻童氏年十八于歸未匝月植亡誓守不二撫養血孩胞姪耿如己出奉翁姑惟勤居石沙

諸生尹自揆繼妻吳氏年二十八寡自揆禦賊陣亡矢志撫孤居甘霖鎮

陳繼武聘妻王氏年十餘聞夫死過門節守居嶸嶺

監生丁舜鵬妻樓氏年二十二寡繼子禹銳居丁家

監生魏彩妻沈氏年二十九寡居白泥墈

俞玉瑞妻沈氏年二十四寡居箬帽墩

錢芳鈺妻潘氏年二十七寡居長樂鄉

卞成祖妻馬氏年二十二寡守節四十三年居卞家山等

應文炳妻徐氏年二十二守志以終

趙藏金妻許氏年二十八寡守志三十三年並居秀才灣

唐敦閶妻王氏年二十二寡守節以終

唐可珍妻盧氏年二十三寡苦志完貞並居唐田莊

以上自任值繼妻童氏起至唐可珍妻盧氏止同治九年採輯待旌

王朝林妻任氏生乾隆初年二十四寡撫三歲孤美中成立家業日裕居十七都蘆田

監生支公權妻丁氏年三十四寡撫子諸生廷玠等成立居支鑑路

諸生張瓕奎妻盧氏生道光元年三十五歲寡無子苦守居城北隅

孫凝淡妻王氏年二十九寡撫三子成立愼齋監生居孫墺

魏會燦妻童氏年二十八寡撫子貴榮

魏繼倫妻何氏年二十九寡撫子秉炤並居官地

李道佳妻王氏年三十寡無子居四都葉墺

卞乾貴妻劉氏年二十五寡苦志守節二十七年居卞家山等

監生呂正魏妻張氏年三十寡居黄勝堂

傅德恆妻王氏年二十二寡居澄溪

吳裕隆妻馬氏年三十四寡居三界

竹盛泉妻周氏居筮節鄉　竹守福妻汪氏居靈芝鄉

唐會全妻吳氏居忠節鄉　李聖楠妻張氏居清化鄉

任繼定妻裘氏居遊謝鄉　唐志元妻俞氏

以上自王朝林妻任氏起至唐志元妻俞氏止何年旌獎均未詳

裘烈婦張氏崇仁鄉諸生裘艮成妾同治乙丑艮成赴鄉試道死氏哭之絕而復甦越數月艮成葬事畢仰藥死新纂下同

張節婦錢氏羅松鄉雅張村張永承妻年□□歲而寡無子先是永承有兄曰永年蚤夭亦無子是時舅聲肅姑王老矣錢獨居深念以爲張氏之鬼其餒乎遂斥嫁時簪珥衣裳得金勸聲肅納妾黃生子豪豪生而黃卒氏撫之豪長爲之授室生子慶銓慶興慶貽乃以慶興後其夫永承以慶銓後其夫兄永年雅張

人至今稱之同治九年旌

謝節婦裘氏城中謝文臺妻娠幼子韻山數月而文臺死會洪楊潰軍陷嵊時舅患瘋痺先是道路傳言潰軍將至氏請輿舅姑出姑曰吾夫婦老死不足畏汝其挈子行氏泣曰舅姑在婦焉敢行乃先遣人負二女遁未幾潰軍至巳斧門入氏挾姑抉竇逸道遇潰軍索銀幣不得刃其姑氏以身遮刃曰姑老請殺我遂受刃遇救得不死卒負創匍匐扶姑脫於險越幾日聞廬舍焚舅死難出重金購死士從灰燼中拾餘骨厝之然不敢聞於姑也姑旋死氏以哀痛餘生故創發越二年卒

袁氏二孝婦城中殿堯妻呂氏殿廣妻謝氏咸豐辛酉洪楊潰軍至殿堯闔家避查村潰軍又至恣擄掠堯毋病不能與時家人咸竄呂獨守姑不忍去姑叱之去是時潰軍駐查村憐堯毋病

舁置簷下會冬月風雪嚴以故兩足僵難平呂夜具湯濯其足同被臥抱足於懷溫之如是者三年殿廣兄弟同居其母於諸婦中遇廣妻謝較苛常施笞駡謝受之怡然也未幾分居廣徙鄉而母居城病瘋且患痔謝移居姑所調護之隆冬雪夜一夕常起閱四載如一日未嘗呼妯娌代姑病危稱孝不絕口

史氏二世節烈清化鄉善爕妻袁氏致坤聘妻王氏袁氏碧溪人王氏象口人姑媳也善爕死袁年少習操作嘗爲人賃舂舅姑憐之謀於袁之母家議嫁焉媒妁往返有成言矣顧秘弗使袁知一日輿至紿言母家迎袁歸袁詗知匿鄰媼家堅不出舅姑知其志不可奪乃解約袁復歸家操作奉舅姑如故未幾爕弟善問生一子致坤袁曰吾夫大宗也請撫致坤爲後坤長聘於王咸豐辛酉洪楊潰軍至王女投水死年十五未婦於史也史

氏義而婦之

商秀雲長樂鄉過運雙妻雙死貧無子舅姑與雙之兄伯強之嫁秀雲矢無他伯曰爲吾家婦分應平分養舅姑意蓋難秀雲也秀雲曰諾是時洪楊潰軍騷擾後斗米千錢秀雲晝以針線傭於人夜歸挑燈紡績饌舅姑無闕而家日饒其伯日以窘秀雲常周之晚年茹素誦經見饑寒者必周恤之其弟商金海議爲請旌秀雲曰虛名耳且胥吏需錢不如以惠窮人捐一錢收一錢之實也其卓見如此

郭節婦錢氏郭邦悌妻邦悌貧而氏故名門在室時享用甚豐及歸邦悌則蓬頭垢面操作逾男子不數年家漸饒無何邦悌死遺孤二長者總角幼在抱也氏慟絕復蘇將以身殉宗親慰解之乃視邦悌殮旋以積哀致病變故迭乘家計窘甚有勸以嫁

者愀然曰吾所以苟延餘息者爲二子未成人耳兄毋家門第殊不惡敢以身玷耶聞者歎服先是邦悌有毋舅老而無子氏迎之家俾主外事未幾家復起舅歿氏厚葬之孤長擇名師課讀教有義方

史節婦錢氏長樂鄉錢昌國女積善鄉史濟渭妻姑錢性卞急氏事事先意承志未嘗遭譴呵渭豪俠自喜座客常滿氏職中饋饌必豐無何渭死兒女幼里豪謀魚肉之氏以計自衞豪伺隙不可得也好施與戚黨隣里待以舉火者數十家所居村外有雙江橋祖姑宋氏所建圮於水氏曰先人之澤不可以斬乃復其橋且易以石渭有女兄適周者無後爲置祭田五畝渭高曾以下之不血食者爲祠以祀之闢園構書塾延師課子廣植花木曰兒輩優游其間使欣欣有生意則不以讀書爲苦矣先是

氏之姑錢祖姑宋皆嫠居至氏而三時稱一門三節

王恩溥妻錢氏居穀來恩溥離家赴贛氏年二十一無子撫二女守節以終詳王恩溥傳

尤和姑腊塔塘人尤文選女父疾刲左臂以療母疾刲右臂以療兄弟三人伯仲亡季幼和姑事紡績鍼黹贍父母撫季弟母歿哀毀骨立父享年八十九知姑不忍離左右誓不嫁光緒二十二年以孝女旌

王節婦謝氏邑諸生王有香妻子啓人生十三年而有香死有香家故貧授徒餬口氏事女紅佐之事有香後母孝終姑之世未嘗有違言及有香死益無儲粟益勤女紅隆冬篝燈拈鍼線至夜半以爲常啓人長督之嚴一夕出門歸稍遲敕跪受笞不稍貸無何啓人夭氏益荼苦邑人欽其節聘爲愛華女學堂學監

校內女生幼依之如慈母光緒間旌

汪孺人城中諸生周雲屏妻有至性幼時母遘危疾醫束手氏焚香籲天刲股肉雜他物以進疾乃瘳及歸周事姑亦以孝聞

范節婦張氏城中范潮憲妻憲故業農氏亦農家女佐憲耕家日以裕無何憲死氏二十二無子憲父母老且病氏謹侍舅姑教子力農立憲兄子爲嗣

樊小喜城中樊舜鑑女母病痿痺十餘年非小喜朝夕侍意不適遂矢志不字弟二均幼衣食教誨之無何母卒小喜哀毁欲身殉念二弟煢煢無依遂搘柱門戶卒翼二弟訖於成

沈彩雲城中沈景山女年甫笄母徐臥病四閱月彩雲侍湯藥如一日彌留時屬曰汝弟妹幼無知饑飽寒煖汝其時之彩雲涕泣諾嗣是主家政畢弟妹婚嫁心力俱瘁事景山以孝聞兄寶

琛弟寶璿寶琭均宦遊無内憂彩雲之力也

馬雪昭居城中父傳緒廩貢生雪昭字趙猷未婚卒年二十三先是傳緒病雪昭侍湯藥十閱月病革聞其母嘗刲股療傳緒疾及是雪昭焚香禱天割左股肉家人無知者血潰而絶

吳節婦魏氏吳得齋妻年二十四寡家故饒得齋死屏紈綺絶甘旨朝夕紡袵若窮嫠焉歲饑以粟貸人不能償者焚其券其卒也鄉鄰皆爲悲泣

吳節婦魏氏縣學生吳星史妻年二十三而寡家饒於財慷慨好義嘗以田五十畝入宗祠又助孤墳會田十畝有奇邑大事若學冊若保嬰局或輸金或捐田從不稍吝

丁節婦許氏丁柏春妻柏春死氏年二十四臨殮躍入柩於是柏春父母號曰兒子已矣兒婦又若此吾二老何以生爲乃以頭

撞柩氏亟自柩出嗣是不常哭一意事舅姑姑病醫束手許舉刀斷小指入藥姑飲之立愈事前無知者一夕夢柏春授以詩曰閨門曾讀女箴篇誓守終身不二天一夕分離鴛枕夢十年還許伴黃泉常自誦且爲人誦之後十年果卒光緒間知縣秦家穆上其事獲旌

笪節婦曹氏厚山笪煥雲妻年二十五而寡歷三十三年卒家貧勤儉積累業漸饒先是煥雲母某氏嫁而貧無以自活氏曰吾夫所自出義雖絕於笪在情吾不忍契也乃迎養有孝聲厥後子孫滋大論者以爲節孝之報云

姚節婦呂氏𠨺潭姚福林妻年二十六而寡歷四十九年卒先是福林被仇殺孤才一齡仇家欲得而甘心氏以計匿孤撫之成著志復仇終其身如一日

王小仙坑邊人父母老無兄弟侍二親終其身

唐孝婦竺氏唐田唐可鍾妻幼事後母以孝聞年二十歸可鍾後姑王嗜粉食每餐氏必進麵糕王晚年茹素朔望禮佛氏雞鳴起豫香燭果餌以俟姑衣履必手製未嘗役人姑所生子曰可鉥氏弟鉥夫婦鉥夫婦亦兄事之氏素患心痛聞姑命輒忍痛趣井臼紡績未嘗一日暇有慰勞之者氏曰吾爲冢婦不身先家政隳矣姑嘗謂人曰吾得優游庵寺拜佛念經恃家有冢婦也

茹節婦史氏高阪茹智妻智母盧故以清節聞氏家鄰盧居盧愛之聘爲智妻即迎歸年十一歲也無何智患足病氏日夜按摩目不交睫而智竟以足病死時氏年十七與智名爲夫婦顧未成婚於是盧哭智慟有鄰媪與人語曰既喪其子又將去一婦

盧寡婦之哀也固宜氏聞之跪盧膝下泣曰兒固茹氏婦也某媪胡爲有是言願姑終撫兒否則兒即今日死因伏地不起盧諾氏乃起事盧以孝聞盧誦金剛經三十年氏朝夕侍未嘗一日離盧歿氏每晨即誦經虔供茗一甌春秋時果出必以祭其夫兄魯故邑名下士也嘗語人曰吾弟婦所事吾母者吾愧之當衣冠拜也

楊節婦陳氏蔣家埠陳秋帆女方昇鄉楊品琢妻年二十五寡孤松年生才三月舅姑老氏泣不敢聲恐傷舅姑心也未幾舅姑交病氏晝夜侍目爲之赤蓋不得假寐者累月矣旋松年夭氏哀痛致疾卒

郭節婦史氏郭邦相妻年三十三邦相死會粵難作挈孤竄山谷間難平米價踊貴子女三人均幼氏藉女紅存活嘗擷野菜爲

糧見者憫之氏曰吾與兒女輩啗此分也堂上老人亦受此苦傷何如之言已泣下蓋是時邦相父尙在故云未幾孤長家日裕人以爲氏勤儉積累所致

史節婦錢氏史瑞鳳妻年二十九寡瑞鳳臥病三年調護之如一日鳳死子旋殤家故貧人勸之嫁氏曰吾命如此何自辱其身爲則力田自食終歲勤勤卒購田三畝入史氏祖塋俾鳳得祔食

史節婦陳氏史家春妻年二十二寡孤瑞標才二齡姑陳老先是室燬於火姑肢體被灼起居需人氏侍左右坐立扶翼之溲溺進承之朝負以出夕負以入如是者凡十閱月鄰里稱其孝

謝節婦楊氏禮義鄉謝朝金妻少幽閒精女紅及笄歸朝金事翁姑孝年十九生子河上而朝金死翁姑繼逝家貧傭於人河上

長始家食無何河上天誦經度日先是爲人傭凜若冰霜見者肅然起敬云

姜氏名羣英新昌人禮義鄉俞範川妻年二十七寡孤錦鄉幼初羣英讀古列女傳遇刵耳劈面事與姊妹輩口誦指畫慨然想慕其爲人及範川卒欲殉之有指錦鄉責之者乃以義自制時範川遺債千金羣英節衣縮食卒償宿逋且轉賈爲豐人以窘貸靡不應里有豪魚肉之羣英白鄉父老侃侃聲其罪豪爲之懾以是有巾幗丈夫之目

吳節婦相氏清化鄉吳德明妻歸明甫六月而明死欲殉以舅姑老乃止逾年室燬於火或曰家破矣盍自爲計氏聞之曰嗟乎是何言吾家可燬吾志豈可燬者所居里曰江田里人爲建石亭道左以表之

李節婦陳氏李道惠妻年二十六寡孤甫晬家貧或勸之贅夫字孤者氏拂然曰李氏有孤且有母在胡爲受他人卵翼辱其母以辱其孤耶卒撫孤成立

費節婦袁氏費德全妻年二十四寡無子姑亡翁老德全有二弟皆幼饑哺之寒衣之事翁以孝謹稱

張夢雲士人馬少伯妻年十九寡性慧繡山水蟲魚花鳥人物栩栩欲活其母錢亦寡婦建碑亭貲匱夢雲日夜刺繡積所得幷脫簪珥衣裳售之爲母建亭亭將成而夢卒母族憐之爲改建雙節亭在雅張里雅張其母里也

張全美張遠松女字竺全榮全美幼育於竺未成婚而全榮死全美時年十七也某聞其賢遣媒持重金言於其舅金紹金紹夫婦意動全美泣曰吾婦竺名正久矣豈以生死二其心倘不我

諒者不如死欲自縊金紹夫婦止之議乃寢姑病全美奉湯藥浣廁牏衣不解帶累月舅病亦如之喪舅姑盡哀

馬節婦沈氏馬蘭香妻年二十一寡孤三齡貧無以自活繈孤行乞馬氏祖有塋田得序年收租有所潤儲於鄰之富者累之資以種田遂撫童養女爲婦且抱孫矣孤夭婦繼夭窘如故又繈孫行乞一日氏登山採茶鄰家火延及氏室火反於風室無恙

吳節婦施氏清化鄉吳德全繼室德全羸而善病氏調護之四年如一日德全死吳年二十八德全無兄弟孤幼氏督家政整飭有序性好施所居里曰江田里北有橋架木爲之水至輒圮爲行人患氏易以石里人因名其橋曰施濟言施氏之能濟人也

黃節婦樓氏樓家樓敬庵女黃懷德妻年二十一寡事翁姑孝與妯娌和人有急脫簪珥周之弗責償未幾舅歿夫兄秋芝又歿

一門之內兩世三嫠迭更變故家頓落而奉姑益虔姑亡窮益甚自井臼外樹藝灌溉糞壅靡役不爲無子立夫弟幼子家智爲嗣

王孝女華美石璜人父大坤兄四人分居華美侍奉父母父歿華美年十七喪盡哀母體弱常患病母與兄爲華美擇壻華美曰阿兄異居母病倘我遠離誰侍母調護者嗣是矢志奉母母性儉常以珍貴藥品飲母紿之曰此某物也不値一錢母死廬墓三年晚年以佛經自課構淨齋堂居寡婦之窮無告者

錢節婦張氏廷招女年二十歸羅村錢敦孝閱四年敦孝卒無子稟姑命以敦孝弟敦忠子倫起爲後咸豐辛酉洪楊潰軍陷嵊氏扶姑遯山中遇潰軍索銀幣姑與十餘枚不足刃姑氏奮兩臂翼姑臂連受刃刃者意兩人死遂去氏匍匐負姑歸則室燬

矣是時敦忠爲團練陣亡其妻亦先故子倫兆倫敍幼張撫之一如倫起氏年六十九卒卒之前一日呼諸婦屬曰我死梳沐更衣汝曹親爲之勿使外人溷也

周節婦李氏下洋人父道範氏適孟愛周績傳年二十七寡無子姑老氏慟甚欲投繯有鄰媼勸曰婦人以夫家血食爲重况姑老在堂徒捐性命竊所不取李悟乃擇傳兄子亮書爲子生平勤操作蠶時爲人繅絲歲以千斤計事姑孝姑有女嫁而夭遺女蘭姑幼無依姑悲不自已李乃攜蘭姑撫之既長厚嫁之姑因是轉悲爲驩光緒間旌

支節婦裘氏崇仁裘瀛成女支鑑路支夢魚妻幼有至性嘗刲股療母疾年二十二歸夢魚二十四寡無子姑老理家政辭逸任瘁故姑於諸婦中獨鍾愛之姑病連榻侍湯藥積年餘不倦撫

夢魚弟子幹爲子幹幼喪母不自知其爲無母之人也清光緒庚辰上其事得旌

周桂開元周慶振女年十八歸長樂太學生錢模楷生子曰崇鼎鼎六齡而楷死時楷母周耋矣氏敬事勿衰與楷弟芳春析居推多取少宗郤以爲能讓也督崇鼎讀鼎少羸暑月嘗御袷衣氏調護之逾恆情顧課業不稍假鼎成縣學廩生名籍甚無何鼎卒鼎子智修學修幼氏故知書計能治生卒搘柱門戶撫二孫有成平時律己儉奉祭祀必豐鄉鄰以窘貸無不應積不能償則焚其券晚年好作佛事或詰其故曰吾非蘄人天福報也藉此檀施彼貧老無依者沾溉多矣其持論如此清光緒朝旌

周珊姑開元鄉人父之鏞萬安知縣珊姑自幼隨侍任所不喜華飾篋藏二十四孝畫册常展閱之母病危刲股肉療之嘗語姊

妹曰父生母育罔極難報事親且不能而暇事人乎其志蓋欲終侍父母守貞不嫁也及父命字長樂錢氏珊姑遂鬱鬱致病卒江西巡撫上其事以孝旌

邢節婦劉氏太平邢功梁妻年三十四寡撫孤三人家貧洪楊難後斗米千錢或勸贅壻以養兒氏拂然曰我邢氏婦也兒邢氏孤也撫邢孤而玷邢門吾豈爲之哉先是賃夫弟屋居無何夫弟謀賣所賃以告氏氏曰先世遺産祇此數椽吾雖婦人當圖之乃走外家告急得金資夫弟存其屋終歸於劉其孫傳訓曰吾父嘗指榱桷示訓曰微吾母吾輩不得蔽風雨矣傳訓又曰訓幼喪母祖母嘗詔訓曰汝母賢婦也汝夜分讀汝母持針黹督汝嚴余今睡夢中猶聞汝讀書聲汝母刀尺聲也余老矣不能督汝然冀汝有成慰汝母也訓之所以述劉者如此

黄氏二世節婦富順鄉黄仁玉妻裘氏黄艮傳妻金氏裘姑金婦也裘年三十二寡金年二十六寡所居村曰黄箭嶺下村東行人衆裘臨歿語金曰吾蓄志建茶庵村東而未果以屬汝金諾之卒建庵以遵姑命又入田於黄氏祠堂亦姑命也

馬節婦求氏三十二都下坂村馬運漢妻年三十三寡家貧舅姑老且病孤二均幼氏提筐行乞日走數十里以奉舅姑哺二孤舅姑歿負畚臿築土爲墳二孤亦成立

裘節婦陳氏雅璜裘繼統繼室年二十八寡統前妻遺子七女一幼者尙在乳嫗保抱中氏時其衣服飲食擇師友敦禮教完嫁娶一門之内整齊嚴肅睦順雍容人謂節母無子而有子諸子無母而有母云

王節婦葉氏靈芝鄉王思根妻年二十六寡無子思根兄弟有子

三人幼失怙恃家貧氏藉紡績養之比長爲娶婦授以業三人者能自樹立氏年且六十仍自食其力不受三人奉養慈惠涓潔人以爲難

張節婦陳氏德政鄉張本生妻年二十六寡初本生家有十口會大疫死七人存者氏及本生幼弟二人而已未幾居燬於寇復其居又燬於火又復其居撫夫弟二人迄於成立無子立夫弟子爲嗣光緒十四年旌

張節婦鄭氏德政鄉張愼元妻年二十二寡家貧姑命改嫁不可姑性貪利間姓金密書婚券給氏出門省戚屬間要諸途刼之氏侃侃陳大義叱之遂復歸張年七十卒時宣統三年也

鄭氏二節婦德政鄉鄭克振妻方氏鄭克峻妻張氏也咸豐辛酉冬洪楊潰軍入嵊振峻爲團練死方與張奔戰地枕尸哭將以

身殉振峻有兄弟四仲克家季克勤克家時被擄於是姑蔣語二婦曰吾家男子死者死虜者虜諸婦之存惟汝二人我老矣克振克家子各五歲汝二人果死者一門老弱誰與共患難乎方張遂不敢復言殉亂平室廬蕩然生計惟方張刀尺是賴無何蔣患痿痺方與張連榻其旁迭爲按摩晝夜不息十五年如一日光緒間浙江巡撫聶緝椝上其事得旌如例

葉孝婦孫氏東土鄉葉學正妻姑章病危醫言不治孫刲股肉煑湯飲之病以瘳

孫節婦王氏上王人父丹山氏歸東土鄉縣學生孫烜年二十七寡事舅姑能先意承志凡事不待命及命則已辦矣處妯娌和布衣疏食井臼親操教子瑞璜讀書成縣學生

黄如恆妻費氏穀來人年二十餘夫死守志撫孤成立性好善積

有餘貲輒構路亭倡茶會卹貧賑災不遺餘力同治七年獨建前王橋置山三畝零以爲歲修費樂善之心至老不倦年七十餘逝

丁士德妻張氏丁舜漁妻邢氏丁國賢妻黃氏一門三節居石山屏村

張士綱妻裘氏居黌院年二十四寡八十三卒

錢萬邦妻徐氏居古竹溪年二十三寡八十八卒光緒間旌

邑庠生錢兆鰲妻趙氏居古竹溪年二十三寡以高年終光緒間旌

王艮詢妻應氏居穀來年三十二寡七十九卒

王恩浩妻郭氏居穀來年三十四寡七十餘卒

王安煦妻趙氏居城中年二十一寡

邑庠生馬兆亨妻求氏居馬村年三十寡教育二子成人

卞隆瑛妻樓氏居卞家山等年二十一寡撫八月孤成立卒年六十餘

馬政功妻孫氏居顯潭青年守節光緒二年浙江巡撫左宗棠奏旌建坊表之

節孝事實不詳者姓氏錄

此係郭慶嵩氏纂集以民國初年所畫區稱分隸諸氏不符今志斷代之例惟訪稿被火諸氏里居無考不能復以舊鄉區分文之姑仍郭氏原稿

城區

沈啓文妻周氏　馬光位妻夏氏

周紹基妻裘氏　陳振廷妻袁氏　陳昌燮妻魏氏

陳昌泰妻沈氏　尹自賡妻童氏　王承標妻馬氏

鄭舜江妻葉氏　朱周揚妻樓氏　魯和貴妻吳氏
金廷鑑妻陳氏　劉奇熊妻張氏　成謙妻鍾氏
高觀時妻董氏　馬昌興妻黄氏　徐衡莊妻任氏
李星曹妻鄭氏　蔡伯來妻章氏　王啓舜妻吳氏
王修政妻李氏　丁良弼妻王氏　單三寅妻劉氏
周士全妻喻氏　高我乾妻張氏　裘耀炳妻單氏
李康夫妻馬氏　吳任初妻張氏　吳翰青妻賈氏
吳渭帆妻喻氏　王修庚妻袁氏　王賢欽妻趙氏
王賢棟繼妻馬氏　裘耀覲妻謝氏　王萬傑妻樓氏
尹天錫妻喻氏　尹錫璋妻史氏　王雲龍妻喻氏
鄭基漣妻喻氏　李長庚妻張氏　周和凝妻丁氏
周和堅妻喻氏　章幼安妻高氏　丁承統妻趙氏

丁宗泰妻李氏　周和楨妻笠氏　朱堯老妻周氏
吳玉龍妻姚氏　蔡仰周妻馬氏　吳在懋妻任氏
宋希曾妻張氏　張青雲妻周氏　喻孝貽妻裘氏
李彬妻陳氏　祝曰灝妻何氏　單向勤妻屠氏
單向謹妻汪氏　徐德鋑妻倪氏　張寶金妻俞氏
湯美坤妻俞氏　宋奕潤妻鍾氏　宋宗標妻鍾氏
謝家棟妻薛氏　何春鑑妻徐氏　姚正銘妻周氏
姚正鑑妻趙氏　張志榮妻鮑氏　張良元妻史氏
張忠亮妻金氏　張良瑾妻裘氏　趙美興妻李氏
丁良鶴妻鄔氏　袁履祥妻高氏　宋讓賢妻張氏
袁英灿妻桑氏　袁殿槐妻徐氏　杜長明妻朱氏
袁殿穆妻鄭氏　周載興妻謝氏　全聲耀妻史氏

周聚泉妻喻氏　宋亦蓀妻劉氏　宋亦萊妻周氏
馮錦潮妻魯氏　何光美妻陸氏　汪昌萼妻吳氏
袁玉瑞妻鄭氏　屠傳高妻錢氏　劉廷耀妻陳氏
屠傳相妻陳氏　石元順妻周氏　賈錦峯妻葉氏
馮嘉懋妻徐氏　馮嘉清妻袁氏　薛咸禧妻張氏
薛茂懷妻李氏　薛茂英妻劉氏　薛紀善妻孫氏
薛□□妻張氏　虞廷標妻費氏　湯高槐妻童氏
廖楚廉妻陳氏　王越凡妻徐氏　王錫琛妻吳氏
尹宗鰲妻嚴氏　喻秀桂妻竺氏　祝世清妻何氏
徐文璉妻史氏　李星燦妻袁氏　徐文銓妻任氏
李汝卿妻汪氏　舒文濤妻鄭氏　徐其祥妻張氏

崇康鄉

沈有水妻金氏　孫潮海妻魏氏

孫新翰妾朱氏　孫新祺妻徐氏　孫金艮妻王氏
孫德煥妻沈氏　茹治鎬妻周氏　茹治孝妻竹氏
茹治蘭妻喻氏　茹西園妻孫氏　周廷鎬妻魏氏
徐祥麟妻葉氏　竹春忠妻葉氏　葉建章妻呂氏
葉銀方妻徐氏　王傳忠妻葉氏　葉德林妻吳氏
葉學周妻鄭氏　葉維高妻盧氏　葉學詩妻王氏
葉守輝妻沈氏　葉維喬妻汪氏　葉宏寶妻汪氏
商鳳標妻王氏　徐維賢妻王氏　黃仁裕妻童氏
黃忠颺妻童氏　吳如儆妻張氏　吳章甫妻孫氏
吳馥堂妻俞氏　吳云琇妻童氏　吳雍齋妻單氏
吳雲艮妻鄭氏　吳直和妻王氏　吳直鑑妻魏氏
吳懋臣妻童氏　吳瑞安妻童氏　吳直標妻王氏

吳慶標妻婁氏　吳壽妻笠氏　吳德鏕妻金氏

靈筮金鄉

黄養標妻高氏　鄭士恆妻董氏

葉方水妻許氏　姚建功妻笠氏　王能煥妻龔氏

王觀模妻吳氏　王心桃妻笠氏　李文洲妻笠氏

葉家潮妻魏氏　王□□妻葉氏　高承啓妻□氏

汪□□妻王氏　汪□□妻趙氏　葉德青妻王氏

符□□妻許氏　符□□妻高氏　袁□□妻魏氏

章□□妻魏氏　高□□妻吳氏　高□□妻王氏

鄭□□妻唐氏　單阿五妻屠氏　魏在岳妻陸氏

魏在芝妻王氏　魏在金妻王氏　魏在興繼妻王氏

魏在孝妻馬氏　魏守燦妻竹氏　魏守盛妻袁氏

魏守貞繼妻吳氏　魏守景妻徐氏　魏守尹繼妻屠氏

葉家昇妻張氏　葉開祥妻張氏　魏建秀妻趙氏
魏建知妻王氏　魏遵新妻竺氏　魏承業妻陳氏
尹全生妻許氏　魏喜生妻水氏　魏倬雲妻沈氏
魏學周妻葉氏　魏乃招妻竺氏　魏澄江妻呂氏
魏士均妻袁氏　金守瑚妻竺氏　金昌慶妻鄭氏
金裕太妻吳氏　張鏡昌妻王氏　丁顯鏞妻竺氏
丁洪亮妻王氏　許知鳳妻楊氏　張銀海妻唐氏
葉牛老妻王氏　王嘉興妻竺氏　汪承大妻王氏
汪愛忠妻趙氏　周玉忠妻屠氏　水鶴老妻王氏
王信熈妻唐氏　忠孝庭鄉　竺欽嶽妻姚氏
蔡道祿妻李氏　蔡道實妻姚氏　蔡德生妻王氏
俞求貴妻王氏　韓小法木妻竺氏　徐忠友妻姚氏

王鈞鑒繼妻竺氏　王燦文妻龔氏　王型容妻麗氏
王型耀妻陳氏　王型誥妻吳氏　王型贊妻姚氏
黄世悌妻竺氏　呂興旺妻王氏　姚崇治妻竺氏
姚汝舟妻王氏　姚宏材妻王氏　竺煥義妻王氏
竺肇根妻王氏　竺渭忠妻魏氏　竺松賚妻金氏
竺子材妻姚氏　姚景水妻王氏　姚金占妻龔氏
竺士青妻王氏　唐友程妻單氏　唐友舜妻單氏
唐可珍妻盧氏　唐可鈁繼妻吳氏　唐祚清妻單氏
唐友均妻單氏

遊康鄉

竹章泰妻吳氏
竹章標妻謝氏　竹坤利妻徐氏　竹炳善妻童氏
竹炳霞妻盧氏　竹鶴聲妻樊氏　竹鶴經妻孫氏
竹鶴雲妻吳氏　竹萬年妻閻氏　呂嘉泰妻童氏

徐從衡妻俞氏　徐景全妻俞氏　徐渭川妻童氏
徐寶全妻王氏　丁明德妻朱氏　俞守經妻丁氏
俞宏彩妻竺氏　俞宏雷妻屠氏　俞昇有妻葛氏
俞宏鈞妻孫氏　俞自廉妻竹氏　童方財妻徐氏
徐小苟妻宓氏　吳世福妻孫氏　任樹寶妻張氏
任櫟妻林氏　任明勳妻童氏　任泰勳妻吳氏
任堯勳妻許氏　任朝贊妻俞氏　任城妻魏氏
任朝昌妻方氏　任華貴妻童氏　任八勳妻徐氏
吳天申妻祝氏　童仁瑞妻王氏　童志俊妻王氏
童志潤妻鄭氏　童冉妻魯氏　童春棠妻俞氏
袁貞女童錫慶聘妻　童汝霖妻李氏　童望成妻竹氏
王有鳳妻丁氏　王邦強妻許氏　王正泰妻宓氏

王蒓心妻傅氏　王和卿妻張氏　王維棠妻張氏
王維輔妻俞氏　唐步境妻單氏　唐才書妻沈氏
施慶堂妻李氏　宓志遠妻王氏　宓志美妻俞氏
宓孝穎妻唐氏

方昇鄉

宋世鎰妻竺氏
任德芳妻袁氏　周亮錦妻沈氏　吳永法妻趙氏
周紹齡妻單氏　周紹義妻俞氏　高振芳妻陳氏
周家泉妻陳氏　周家招妻屠氏　吳文煥妻董氏
吳福林妻黃氏　潘金桂妻宋氏　章瑞榮妻沈氏
安煥榮妻吳氏　薛金浩妻周氏　薛忠孝妻王氏
周和鈞妻劉氏　施仁監妻呂氏

平義鄉

陳光廈妻錢氏　施慶盛妻王氏　竺小燦妻袁氏
竺有坤妻葉氏　竺子均妻馬氏　趙邦寶妻袁氏

馬忠宰妻林氏　馬明濬妻俞氏　李作配妻商氏
趙鳴謙妻張氏　施小青妻周氏　施全煥妻黃氏
趙屺瞻妻袁氏　陳敬全妻張氏　俞高煥妻袁氏
俞海松妻陳氏　俞朝還妻華氏　趙德耀妻王氏
袁鳳毫妻張氏　張慶國妻俞氏　趙美洵妻鄭氏
袁文玉妻徐氏　袁允老妻高氏　袁大端妻高氏
王清賢妻俞氏　華九生妻張氏　操錦弟妻李氏
雨錢鄉　吳有槐妻張氏　金孝椿妻支氏
謝忠鐮妻孫氏　謝艮浦妻馬氏　朱發清妻湯氏
史積餘妻應氏　袁殿唐妻俞氏　王孝棣繼妻裘氏
馬素佺妻張氏　馬素侃妻任氏　任明達妻裘氏
任美晳妻袁氏　費昌邦妻袁氏　費裕養妻張氏

費道周妻袁氏
李德潤妻費氏
屠元興妻葉氏
任美煊妻馬氏
竺孝蓮妻張氏
竺光晟妻錢氏
黃顯中妻劉氏
張遠棋妻求氏
黃錦坎妻陳氏
黃錦棠妻王氏
呂文蔚妻錢氏
張仙老妻馬氏

費道標妻俞氏
李道濟妻林氏
屠長春妻葉氏
任仁鈺妻馬氏
竺光昇妻支氏
張雨膏妻史氏
馬允述妻裘氏
任耀亭妻魯氏
沈國清妻呂氏
呂學純妻俞氏
呂章治妻章氏
陳仁福妻裘氏

費昌國妻馬氏
李德化妻張氏
屠明秋妻葉氏
竺季璐妻邢氏
竺祖訓妻張氏
張本歐妻相氏
張遠遂妻任氏

桃源鄉

尹天榮妻李氏
呂學洙妻鄭氏
王光珠妻呂氏
魏遇昌妻趙氏

魏本憲妻張氏　魏公位妻周氏　倪世忠妻袁氏
趙果生妻張氏　金金林妻張氏　金叶炳妻陳氏
王際青妻□氏　王道連妻周氏　王叶成妻支氏
姜和爕妻張氏　尹自政妻黄氏　俞伯琴妻金氏
金繼雲妻裘氏　金士奎妻黄氏　倪世芳妻魏氏
倪世茂妻袁氏　丁載榮妻高氏　李德化妻姚氏
宋世賢妻丁氏　宋萬恩妻李氏　丁載育妻張氏
沈元仕妻趙氏　沈□□妻宋氏　蔡樹竹妻張氏
尹春林妻葉氏　孫自松妻周氏　尹記榮妻厲氏

白鶴鄉

郭純恩妻商氏　裘功安妻鄭氏
張貽通妻錢氏　張貽清妻裘氏　張本福妻史氏
李招法妻周氏　葉阿順妻孔氏　王聖漢妻尹氏

輔仁鄉

張聲翠妻邢氏　張永浚妻錢氏

張景星妾吳氏　張慶辰妻錢氏　張永樹妻周氏

張象正妻過氏　張瑞芝妻錢氏　張瑞蕡妻王氏

張嘯渭妻劉氏　張仲酉妻史氏　張孝幹妻錢氏

孔祥高妻葉氏　孔繁達妻史氏　黃雨化妻金氏

黃耐庵妻邢氏　黃世燦妻陳氏　吳朝貴妻李氏

王奇芝妻張氏　王端銀妻黃氏　王端成妻張氏

王端榮妻袁氏　陳太乙妻周氏　陳孝炯妻黃氏

陳孝惠妻張氏　陳孝上妻謝氏　陳孝定妻樓氏

陸希聖妻張氏　張祖懷妻周氏　張祖憲妻錢氏

史善寶妻樓氏　史悠炯妻丁氏　沈傳禮妻張氏

沈則倫妻宋氏　沈孝昌妻周氏　沈隆盛妻王氏

沈孝銘妻張氏　沈傳薪妻張氏　沈正君妻陸氏
王廷楨妻黃氏　王廷璋妻陳氏　王煥林妻裘氏
錢以勳妻樓氏　王祖正妻宋氏　王繼宏妻周氏
王懋遷妻錢氏　沈樹松妻裘氏　王祖豪妻劉氏
錢章琳妻張氏　王承槐妻金氏　王生鶴妻高氏
袁殿梁妻夏氏　周敬愉妻邢氏　商章錫妻裘氏
商鳳翔妻錢氏　商湯元妻潘氏　商方道妻倪氏
龔友金妻郭氏　龔三弟妻張氏　龔朝老妻周氏
俞叶玉妻陳氏　商延繡妻周氏　周良正妻張氏
商海中妻樓氏　商懋見妻馬氏　史生林妻商氏
鄭紹雲妻張氏　鄭紹煥妻錢氏　周忠淩妻錢氏
周忠楨妻沈氏　周忠幹妻呂氏　周和浩妻喻氏

周敬三妻馬氏　張天燧妻金氏　周世洛妻裘氏

剡源鄉

張達浚妻過氏　張詠妻周氏

錢登品妻裘氏　錢鎮瑞妻周氏　錢越楷妻范氏

錢鎮康妻周氏　錢鎮壥妻許氏　錢越金妻金氏

錢鎮海妻陳氏　錢鎮公妻俞氏　錢鎮傑妻馬氏

錢鎮寰妻郭氏　許世鈺妻錢氏　張孝思妻王氏

錢光國妻斯氏　錢榮濤妻樊氏　錢錫名妻郭氏

錢百祥妻周氏　錢章成妻黃氏　錢起鳳妻戴氏

陳朝彩妻錢氏　汪承烈妻丁氏　錢超起妻張氏

錢越珍妻邢氏　金偉泉妻史氏　劉宗傳妻葉氏

顧和宰妻裘氏　劉奇熊妻張氏

開元鄉

周恩君妻宋氏　周恩鋒妻錢氏　周孝儉妻錢氏

周孝浚妻史氏
周友錫妻呂氏
周傳福妻錢氏
周友水妻錢氏
周馥莫妻呂氏
鄭鉅妻安氏
鄭國洵妻錢氏
鄭竟妻周氏
鄭知遇妻史氏
鄭知鑾妻周氏
鄭有韶妻過氏
鄭有榮妻錢氏
鄭有德妻錢氏
鄭學亮妻錢氏

太平鄉

安其榮妻麻氏
劉方洪妻邢氏
劉初槐妻趙氏
劉茂周妻邢氏
邢延淮妻過氏
邢源永妻過氏
錢和根妻劉氏
劉從鎬妻錢氏
郭昭峻妻邢氏
郭世治妻邢氏
郭世濤妻錢氏
郭緒祺妻裘氏
劉漢艮妻周氏
劉漢梯妻張氏
劉啓藩妻邢氏
馬德超妻周氏
馬光月妻錢氏
邢春榮妻胡氏
劉本潤妻周氏
邢康鳳妻薛氏
邢義昭妻張氏

邢義秀妻錢氏
邢懋煜妻錢氏
邢康軍妻史氏
邢洪震妻劉氏
邢象銘妻錢氏
邢象軫妻錢氏
邢彥頤妻商氏
邢汝爲妻錢氏
邢洪治妻呂氏
邢彰秀妻周氏
邢自潮妻錢氏
邢敏照妻呂氏
邢佳續妻錢氏
邢佳鎏妻呂氏
應和焴妻錢氏
邢佳奎妻周氏

長樂鄉

錢敦和妻張氏
錢萃倫妻王氏
錢昌順妻張氏
錢敦積妻周氏
錢愷倫妻樓氏
錢敦岳妻邢氏
錢槐妻樓氏
錢敦言妻周氏
錢謨聖妻呂氏
錢昌彪妻張氏
錢世梁妻周氏
錢鑑涵妻張氏
錢維翰妻過氏
錢定昌妻邢氏
錢倫庠妻邢氏
商德樹妻王氏
錢星瑞妻陳氏
錢西招妻周氏
錢水招妻周氏

錢維捍妻過氏　錢善謀妻周氏　錢崇兔妻呂氏
錢維懷妻劉氏　錢崇德妻應氏　錢崇誼妻金氏
錢信森妻劉氏　錢惟鈞妻邢氏　錢芝倫妻裘氏
錢謀昌妻周氏　錢我齊妻胡氏　錢旺鑒妻過氏
錢我池妻商氏　錢家裕妻郭氏　錢謀順妻嚴氏
錢昌興繼妻周氏　錢崇鼎繼妻張氏　錢倫敷妻史氏
呂正鋭妻錢氏　呂正杕妻錢氏　呂宗磻妻俞氏
呂景祥妻周氏　過庭良妻鄭氏　過泰潮妻錢氏
錢我桂妻劉氏　過樟海妻李氏　周達清妻過氏
過錦春妻邢氏　邢兔老妻陳氏　過小桂妻周氏
過蘭芬妾許氏　過正元妻周氏　過潮增妻周氏
呂汝能妻過氏　呂忠銘妻馬氏　呂忠靖妻邢氏

商芳皋妻呂氏　吳聞妻孔氏　錢維桂妻呂氏
錢德清妻邢氏　錢維治妻商氏　錢維雲妻宋氏
錢茂華妻周氏　錢小芳妻魯氏　錢崇義妻馬氏
錢樹南妻邢氏　錢我亨妻周氏　錢守恆妻邢氏
錢興浩妻邢氏　錢雨疇妻邢氏　錢興周妻張氏
錢在鎔妻裘氏　錢駿揚妻周氏　錢金榮妻邢氏
錢景武妾姚氏

安富鄉

安萃義妻黃氏
費裕懽妻張氏　支達顯妻張氏　黃恩謙妻相氏
俞寧洋妻黃氏　張能孝妻沈氏　黃珏允妻裘氏
金崇賢妻黃氏　費銓位妻裘氏　金崇寶妻張氏
裘沛霖妻任氏　裘沛鈞妻張氏　史佩朝妻張氏
孫亨皋妻趙氏　邱源憲妻張氏　袁全元妻張氏

樓後輝妻沈氏　樓招富妻張氏　樓譽普繼妻瞿氏
樓後衍妻吳氏　陸杏南妻黃氏　陸達鉉妻張氏
黃松如妻張氏　丁葆初妻王氏　樓步雲妻李氏
黃文會妻陳氏　陸達權妻裘氏　陸善賢妻裘氏
樓世琦妻錢氏　裘懋耀妻范氏　樓昌熙妻錢氏
范用稼妻華氏　樓啓豐妻裘氏　張文鼎妻裘氏
金枝棣妻沈氏　張繼燦妻支氏　張書丹妻裘氏
張繼序妻裘氏

崇仁鄉

裘躋泰妻周氏
裘惇桂妻沈氏　裘觀治妻陳氏　裘觀鉅妻韓氏
裘祖林妻商氏　裘愷珩妻馬氏　裘貴源妻胡氏
裘泰元妻張氏　裘義性妻沈氏　裘高雲妻馬氏
裘文粱妻相氏　裘富榮妻沈氏　裘孝觀妻張氏

裘禮春妻尹氏　裘發增妻相氏　裘觀海妻朱氏
裘怡藩繼妻孫氏　裘功成妻盧氏　裘功法妻周氏
裘橘標妻張氏　裘功安妻鄭氏　裘集成妻俞氏
裘德生妻施氏　裘望初繼妻袁氏　裘石坪妻張氏
裘忱章妻黄氏　裘善芹妻吳氏　裘先瑞妻黄氏
裘積閏妻應氏　裘鎮東繼妻張氏　朱茂春妻沈氏
裘國珍妻黄氏　張在林妻袁氏　相增祿妻韓氏
相嘉魁妻裘氏　張道善妻林氏　張朝香妻相氏
張朝珠妻王氏　張道珩妻費氏　張益灿妻任氏
張朝錦妻相氏　張廷梁妻相氏　張惠廷妻裘氏
張行芬妻金氏　張煥欽妻李氏　張在秦妻相氏
張康民妻裘氏　張煥祥妻周氏　張在福妻相氏

張培湧妻金氏　張遠根妻裘氏　張遠和妻沈氏
張培杞妻黃氏　張培璋妻裘氏　張光浩妻鄭氏
張金統妻馬氏　張煥河妻史氏　應金錫妻徐氏
裘蘭秀妻張氏　沈步文妻裘氏　馬德世妻錢氏
馬雅安妻錢氏　錢五標妻馬氏　馬二雅妻李氏
金森玉妻董氏　裘湘成妻馬氏　裘銳初妻吳氏
裘綸初妻錢氏　裘福初繼妻羅氏　裘簡初妻俞氏
裘華初妻張氏　何警生妻費氏　舒本泰妻裘氏
舒瑞錫妻徐氏　裘天生妻張氏　史詠妾張氏
史諭妾蔣氏　史釗妻張氏　史善庚繼妻舒氏
史佩蓀妻屠氏　史佩浚妻張氏　史瑞豐妻張氏
裘月波妻錢氏　裘寅生妻錢氏　丁鑑順妻徐氏

任華江妻錢氏　任國賓妻張氏　任華庭妻張氏
任華通妻張氏　張文顯妻裘氏　裘仁寶妻張氏
董成英妻金氏　應忠任妻胡氏　應智雷妻楊氏
張生標妻趙氏　張伯軒妻相氏　吳溪山妻相氏
裘炳全妻張氏　馬豪老妻俞氏　馬宏鑑妻相氏
相安月妻張氏　相立勳妻支氏　相文澄妻張氏
相文清妻舒氏　相嘉才妻李氏　相嘉富妻沈氏
相嘉璉妻裘氏　相師鵬妻裘氏　相兆旺妻張氏
相兆燦妻張氏　相道金妻張氏　相增和妻張氏
馬志堯妻李氏　裘親煜妻黄氏　江金助妻盧氏

順安鄉

黄吉甫妻裘氏　王艮棠妻馬氏
馬昌勳妻裘氏　黄培照妻張氏　黄道明妻樓氏

黃掄書妻沈氏　馬翔麟妻喻氏　馬隆侃妻錢氏
裘艮貴妻王氏　黃鳳岐妻馬氏　黃雲霄妻陳氏
黃艮聖妻馬氏　黃昭鴻妻錢氏　黃昭銘妻張氏
黃昭圯妻馬氏　董守渟妻徐氏　徐茂忠妻董氏
徐忠進妻茹氏　裘賢瑞妻李氏　裘玉清妻黃氏
馬慶芝妻吳氏　馬奕煋妻張氏　馬賢高妻黃氏
馬運進妻蔡氏　馬章仕妻李氏　馬瑞雪妻樓氏
馬先鏐妻袁氏　馬先遠妻蔡氏　馬克宏妻鍾氏
馬克隆妻孫氏　馬景炎妻杜氏　馬先錦妻張氏
馬克林妻黃氏　黃金堂妻呂氏　夏增富妻周氏
黃宗範妻錢氏　何茂槐妻駱氏　袁殿揚妻馮氏
黃志地妻丁氏　尉永隆妻張氏　丁有嵩繼妻姜氏

丁國澄妻黃氏　朱茂猷妻張氏　朱傳慶妻袁氏
裘書愷妻錢氏　裘光波妻樓氏　裘益濬妻李氏
周金永妻黃氏　金久連妾樓氏　李乾員妻裘氏
駱載祥妻裘氏　張必超妻吳氏　張世承妻金氏
張恆松妻沈氏　馬職塏繼妻陶氏　馬朝侃妻張氏
馬建椿妻黃氏　馬建槐妻金氏　陶宗相妻馬氏
董華炳妻馬氏　蔡大韶妻樓氏　張恆義妻錢氏
樓國清妻黃氏　樓正謙妻黃氏　樓良煥妻沈氏
張永厚妻黃氏　李乾化妻樓氏　董德輝妻屠氏
朱宗文妻王氏　羅士驥妻莫氏　莫正祥妻董氏
馬延潤妻蔣氏　蔡樂鳳妻曾氏　馬昌周妻張氏
袁祖軒妻任氏　裘西垞繼妻陳氏　遊孝鄉

夏時妻裘氏
尹錫球妻高氏
尹宗華繼妻張氏
張錫範妻童氏
屠湘汀妻徐氏
屠世榮妻尹氏
童明允妻張氏
王小元妻馬氏
童金旺妻竹氏
王啓妻張氏
王華春妻竹氏
王禮標妻陳氏
王利見妻丁氏
趙傳清妻謝氏
李維岳妻張氏
朱成玉妻張氏
吳錦成妻陳氏
屠方智妻錢氏
汪克旺妻俞氏
張世積妻尹氏
張世椿妻尹氏
張良昌妻尹氏
夏柏懷妻朱氏
卜友琪妻王氏
徐大木妻張氏
李郭舟妻裘氏
李作淦妻童氏
李有高妻王氏
徐石軒聘妻鄭貞女
徐仁賢妻王氏
徐積河妻竹氏
竹全法妻沈氏
王啓梅妻裘氏
王啓林妻孫氏
王啓孝妻徐氏
胡維軒妻王氏

胡在邦妻張氏　孫華仙妻馬氏　徐大洪妻裘氏
徐守貞妻馬氏　徐金順妻樓氏　徐毓慶妻袁氏
徐義聰妻袁氏　夏彩亭妻裘氏　徐自御妻蔣氏
李春芳妻張氏　屠方育妻史氏　屠方道妻張氏

靈芝鄉

徐子裕妻吳氏　徐雲昇妻竹氏
祝丙壽妻王氏　祝義昌妻王氏　祝大吉妻胡氏
祝仁興妻傅氏　李道相妻陳氏　吳學仁妻祝氏
吳之廉妻祝氏　傅德望妻林氏　王慶熊妻祝氏
王榮富妻裘氏　王貞德妻汪氏　王貞松妻陳氏
王士賢妻鄭氏　王盛時妻曹氏　吳冠全妻祝氏
王克孝妻金氏　王遠慶妻汪氏　王玉倡妻李氏
王玉明妻周氏　王玉大妻尹氏　徐立燵妻孫氏

徐成九妻吳氏　徐文煊妻王氏　張美瑜妻徐氏
沈行鍊妻張氏　沈必發妻王氏　尹錫傑妻鄭氏
王維有妻張氏　王艮玉妻陳氏　王名侊妻張氏
王古鄉妻施氏　王敬和妻閻氏　王克崢妻傅氏
張美倫妻胡氏　張理運妻王氏　徐試祥妻何氏
尹宗銓妻徐氏　陸天圓妻呂氏　黃桂榮妻吳氏
尹錫增妻張氏　王維鎬妻陳氏　王斯聞妻沈氏
王維潮妻鄭氏　沈遠梅妻吳氏　沈遠綏妻鄭氏
沈行震妻竹氏　沈行杖妻鄭氏　沈行謨妻王氏
沈紹可妻鄭氏　沈行鑑妻謝氏　沈行鉅妻汪氏
王脩茂妻顧氏　王秀山妻傅氏　王脩德妻鄭氏
楊正祿妻錢氏　楊義勇妻葉氏　姚臨見妻陳氏

黃科任妻汪氏　王繼旦妻吳氏　張金標妻徐氏
尹宗芳妻黃氏
德政鄉
陳光鈗妻鄭氏
陳光哲妻祝氏　陳光椿妻王氏　張秉旄妻孫氏
朱壽棠妻陳氏　趙在邦妻沈氏　鄭南昌繼妻王氏
陳義鴣妻鄭氏　陳之齊妻張氏　陳斯鑽妻張氏
陳斯祥妾李氏　陳與仁妻樓氏　陳與義妻沈氏
陳斯莖妻張氏　陳斯賡妻沈氏　張成美繼妻傅氏
沈啓翰妻林氏　陳爲義妻杜氏　陳之善妻沈氏
陳斯恩妻張氏　朱武勳妻董氏　朱秉鈞妻陳氏
朱景奎妻孫氏　閻禹均妻丁氏　陳光顯妻鄭氏
陳斯德妻章氏　張秉文妻徐氏　陳之英妻鄭氏
陳仁金妻鄭氏　陳光賢妻宋氏　陳斯悅妻黃氏

張我田妻夏氏　張玉田妻陶氏　張方治妻于氏
趙志正妻錢氏　趙正蘭妻張氏　陳蓮炬妻沈氏
陳榮緒妻鄭氏　張昌緒妻杜氏　張興讓妻蘇氏
張太琮妻沈氏　朱增美妻王氏　朱錦麟妻張氏
張寶元妻房氏　陳元調妻鄭氏　張景渠妻宋氏
陳貽芬妻沈氏　王雨樓妻孫氏　王乾治妻宋氏
陳光迢妻鄭氏　陳斯植妻沈氏　陳志善妻沈氏
張水木妻陳氏　張錫球妻董氏　杜倉隆妻王氏
杜倉進妻鄭氏　杜再峯妻王氏　杜再乾妻陳氏
杜乃穀妻張氏　杜元灝妻鄭氏　杜萬春妻吳氏
杜金水妻丁氏　杜世本妻黄氏　杜增三妻黄氏
杜惠忠妻馮氏　朱景鴻妻任氏　董雨春妻張氏

馬光明妻陳氏　張竹亭妻陶氏　張俊二妻黃氏
閻元銳妻鄭氏　杜建悦妻王氏　杜兆榮妻房氏
沈貞女沈阿富女　吳春榮妻周氏　吳名揚妻汪氏
祝明炎妻陳氏　沈振唐妻鄭氏　沈昌濬妻陳氏
沈先潮妻吳氏　沈秉堅妻鄭氏　沈先高妻陳氏
沈行楚妻王氏　沈清鳳妻馬氏　張方錫妻金氏
吳湧嘉妻龔氏　朱源海妻俞氏　李繼貞妻方氏
沈雲臺妾任氏　胡第元妻姚氏　馮春明妻鄭氏
吳國本妻俞氏　任謗庭妻錢氏　任尚林妻竹氏
任惜裕妻馮氏　沈天貴妻俞氏　沈在福妻鄭氏
鄭雙龍妻王氏　鄭佩松妻竹氏　鄭福坤妻沈氏
吳元祥妻王氏　朱源震妻董氏　錢寶聚妻葉氏

錢昆高妻徐氏　錢家王妻王氏　錢望林妻童氏
沈乃泉妻王氏　錢美林妻王氏　錢盛倫妻王氏
錢盛寶妻龔氏　錢光恩妻毛氏　李世昌妻章氏
鄭成林妻徐氏　鄭詩選妻王氏　鄭詩錦妻杜氏
吴錦台妻童氏　吴清祥妻周氏　吴秉銓妻徐氏
吴清源妻鄭氏　吴錦庭妻謝氏　吴秉昇妻王氏
章宗孝妻龔氏　章悌宏妻吴氏　鄭克振妻方氏
鄭克峻妻張氏　鄭廷法妻張氏　鄭景洧妻張氏
鄭惠美妻陳氏　鄭德運妻錢氏　吴顯卿妻鄭氏
王榮昌妻吴氏　章忠楣妻吴氏　吴珊陽妻馬氏
馬孔珍繼妻林氏　馬慶祥妻張氏　秦永思妻魏氏
吴沛陽繼妻童氏　沈采德妻陳氏　鄭伯錢妻張氏

鄭惠秀妻朱氏　鄭三綱妻黄氏　李聘三妻童氏

東土鄉

喻忠美妻徐氏　喻忠禮妻孫氏
喻忠節妻陳氏　喻節筠妻王氏　喻道訓妻杜氏
喻道銓妻尹氏　董光鳳妻蔣氏　蔡元明妻周氏
喻道均妻杜氏　孫達五妻房氏　孫明昭妻沈氏
房洪茂妻沈氏　房學庠妻吴氏　董世昌妻蔣氏
房學昌妻鄭氏　房洪嘉妻陶氏　盧孝聖妻池氏
盧均舟妻顧氏　杜鳳姿妻董氏　杜鳳昌妻樓氏
杜德金妻馮氏　王爵隆妻喻氏　孫明燓妻喻氏
孫達化妻鍾氏　張民材妻黄氏　張民悦妻孫氏
孫芳榮妻蔣氏　孫增霖妻董氏　孫凝洋妻黄氏
孫明彩妻陳氏　黄元海妻金氏　孫藝苑妻張氏

孫明農妻嚴氏　孫君謨妻王氏　孫達三妻董氏

鄭道安妻龔氏　葉建章妻呂氏

嵊縣志卷二十一 節孝 三十四

嵊縣志卷二十一終

嵊縣志卷二十二

列女志

貞烈

梁

張氏楚媛僕射稷女適會稽孔氏無子稷爲冀州刺史州人徐道角作亂楚媛方大歸會稷見害遂以身蔽刃先其父死

唐

貞女姚文玉父承大仕爲行軍司馬女幼字山陰王僉判子未婚而卒誓不更嫁聞有媒氏來議婚輒牽父衣袖泣欲自盡父憐其志遂不復強分產與諸子均長興四年歲大旱貞女出粟五千餘斛以賑及老悉捨所置羅松鄉別業田地建佛寺并於寺傍架石橋以濟行路天福七年吳越王賜額資國院里人塑貞

女及其父母像於寺之西偏四時禮薦焉

元

商淵妻張氏名貞居鳴絃理事姑孝謹至正戊戌冬方國珍擁兵據縣明年冬胡將軍張士誠兩軍交至與淵走匿新昌之南明山淵間出爲游兵所掠貞涕泣不食者五日及淵脫歸爲貞道白泥墩烈婦被掠自縊事貞曰一旦危急當如是耳又明年夏胡將軍復統兵掠縣地貞懼辱投塘死越三日子芹收屍葬色如生

胡氏妙端祝家婦也至正庚子春苗獠虜之去至金華縣乘間嚙指血題詩壁上（詩見藝文志閨秀）赴水死時三月二十四也獠帥爲立廟祀之議者謂當配享清風嶺王貞婦祠云（道光李志）

白泥墩烈婦佚其姓氏元末兵亂被掠婦誓不受汙至東陽賦詩

五章自縊死

明

姚旭輝妻屠氏旭輝貧役於公氏紡績養舅姑或不繼遭詬詈則婉愉以受自食日惟一餐鄰姑或憐而進之食曰毋庸吾腹已果族有長者遺以粟帛氏惟取供舅姑而已夫免役歸日益窘謀出婦婦哀懇之不聽遂歸毋家夫設計將強奪之婦泣語毋以死自誓乃密紉衣裙夜啓戶出抱石沉百丈潭死覓屍不得踰月從死所浮出顏色不少變邑人王思位喻和卿爲之傳

史閨英本深女通經史內則諸書工詩詞祖晞以鄉進士任全州知州爲擇門楣不知父家中已先受聘各欲迎娶方躊躇不能決閨英潛告天地祖宗題絕命詩二首自縊死詩見藝文志閨秀

羅烈婦黃氏居四十一都佚夫名夫亡舅耄夫弟逼之氏密紉衣

履累月不安枕復遣鄰婦婉諷婦默然衆意其不拒也方治酒會客而婦已自經矣

邢克威妻胡氏武昌教諭淮之女幼通書史年十九夫亡兄弟以氏無子欲奪其志氏曰兄弟且不我知尚誰望焉遂反戶自縊死

袁日躋妻施氏年少無嗣躋病劇語妻曰身後事惟汝自裁氏泣曰夫妻相隨生死不移躋卒殮中堂氏卽入房投繯死

諸生周大勳妻胡氏山陰人崇禎間山寇亂見氏美姿色逼污不從被殺死

張仁妻鄭氏字妙安兵亂被掠不辱而死據李志孝義傳補

袁日暘妻施氏夫死自殉

鄭惟清女白姑字丁某甫行聘而丁死姑慟哭隨母往視含殮歸

構一樓不設門窗鑿穴僅容食物升降日夕事女紅積貲置田以供夫祀越二十餘年親喪乃始下樓與幼輩書誌清白事卒年八十一

清

張侃繼妻章氏早寡順治初爲山寇所刼被焚死年六十有六

鄭品三妻陳氏順治丙戌兵掠其境被逼投長橋潭而死

尹燦妻唐氏丙戌避難入山𨿽家掠其貲懼辱觸崖死

夏烈婦適周姓居鹿苑山塘順治九年山寇突至殺其夫與家屬八人留婦欲辱之夏不屈遂死於刃按張志及李志夏烈婦開元鄉周某妻而表微錄作夏周氏俱佚其夫名今開元周氏譜則曰汝仁妻未知孰是姑並存之

史自和聘妻裘氏自和以殺人繫獄氏白父母求一見會解讞道

經南溪隨父隔樓垂淚遥詢曰君能終脫否自和曰犯辟無生理願自愛毋以我爲念氏拭淚歸縊死年僅十八府志作前明

王大三十三之妻鄭氏佚其里居王業種瓜上有耄姑家赤貧族有強暴謀污之經年不得間一日瞷婦過巷強逼之氏痛詈不屈時夫在瓜園婦從容往與之訣屬以養姑餘無所言又從容慰其姑餓而自經時順治丁酉六月也

諸生周明新妻胡氏下相村胡承達女歸寧父毋會山寇至被逼氏堅拒不從連被數創毋金氏奔救並遇害明新府志作清新

裘與組女六妹因被狂且調戲不從復聞穢言卽行自盡

周維艮妻過氏年十七夫亡經營殯埋畢招諸妯娌飲若與訣者酒未半潛入室雉經視衣褌皆密縫也

周艮賡妻宋氏居開元莊康熙甲寅寇亂匿山谷中官兵搜得之

將挈以行氏引菜刀自刎死

吳志冷聘妻商氏未結褵而志冷死女請哭臨父母不許乃易服守志百計奪之不得依兄嫂以居食貧茹苦恬如也及卒族人高其操以姪諸生士栻爲之後而迎棺合葬焉雍正六年旌

張永恂女三姑年十三父病卒母目失明兄又遠出家故貧賴三姑十指以存活遂守貞不字乾隆四十一年旌

錢世寶繼室王氏未婚守節志操堅貞有司爲詳請建坊表之乾隆五十三年旌

張聖縉聘妻俞氏未婚而聖縉客遊他鄉不知所終過門守節執婦道惟謹姑病刲股以療撫嗣子嚴而有禮新邑陳承然有句云望夫遠道千里石鞠子寒磯一片霜可以想其志節矣嘉慶六年旌

張元修女七姑貞孝坊建禮義鄉高田莊嘉慶時旌

以上四人同治志誤入節孝今更正

柴紹恩本姓吳聘妻張氏年十九娶有日矣紹恩病卒訃聞女告父母往視含殮父母不可絕食二日父母送之往既葬父母勸之歸女曰兒安歸乎固强之絕食者又四日父母乃聽之朝夕哭奠哀禮兼至然二次絕食加以哀毀旋得疾父母舅姑相與謀醫女辭曰兒之不卽死者恐以横死傷兩家父母心耳今病而死是正命也何醫爲不藥而卒

張文絅女大姑字喻之晟爲室之晟卒女聞訃隱泣以汗衫請母寄殉不食者數日父母哀之女曰生不爲喻氏婦死宜爲喻氏鬼請終身以事父母遂脱簪珥荆布素食里黨咸稱而求親者踵至父欲改字女知之潛易素服投繯以死時道光癸未八月

二十七日也

周慶餘妻張氏年二十二夫亡服鹵以殉四十八年旌按李府志慶餘作慶裕道光李志慶餘慶裕重列今查周氏譜删正

孫清五妻張氏父俊貧弱獨居沙塢贅清五相依里有董信者諸生之無賴者也謀奪氏令張某爲媒俊詈之信訟於官囑當事𢿱法繫其父兄氏曰以我故貽一家累我不死則事終不白遂自經死

黄方榮聘妻金氏下東山莊金仲聖女年十三聞夫訃痛甚誓守節遂去容飾絶滋味足不出閨門者二十餘年父母屢勸改嫁矢死靡他姑聞而奇之乃迎之歸使全其節氏善事邁姑和妯娌以姪某爲後年五十有三卒道光二十八年獲旌稱齒完貞坊額坊建穀來莊前王橋南

金成均聘妻張氏未婚過門孝事舅姑一日持衣往洗有狂且某戲撫其身女涕泣歸姑問之曰兒身豈可爲某撫耶遂絶食父母舅姑百計勸解終不聽餓十七日而卒

丁珣妻尹氏知書年十三母病刲股于歸後姑病又刲股及夫病諸醫悉謝去氏情極嚙指血寫疏禱天求以身代未幾果卒珣亦終身不再娶

江俞氏佚其夫名聞游少蜚語憤而自盡

諸生姚浩妻竺氏年二十五夫故投環以殉

監生周誠妻丁氏年二十五夫故自殉

李玖報妻袁氏年二十三夫亡自縊

何文美妻柴氏年二十夫亡自縊

張士貴妻錢氏夫亡自縊

王大臨妻沈氏夫亡自縊

葉方龍妻婁氏夫亡自縊

商弈瑜聘妻劉氏未婚而奕瑜死女泣告父母願歸守志留之不能乃從其請貞女内衣縞素外覆吉服往拜姑畢卽髽髻易服躬親含殮哭盡哀嗣是修婦道惟謹至夫弟授室始白姑省母蓋貞女幼涉詩書故動輒中禮云

求增福聘妻童氏年二十一未婚而增福死過門守志

以上二人道光八年憲奬

馬紹岳聘妻袁氏未婚夫亡過門守節繼子英奇居下馬莊

駱順遷女八姑幼字邵氏未婚而邵氏子亡過門守志壽六十餘卒

以上二人道光八年邑令給額奬表

尹嘉會妻張氏未婚夫亡過門守志繼姪爲嗣以節終

王希周女懋學毋早亡念四弟三妹幼而無恃矢志不嫁爲弟妹婚配年七十餘卒

以上二人道光八年旌

裘清女富妹守貞不字年五十卒

裘德瑜女貞妹守貞不嫁年五十六卒

裘衮次女小姑性純孝因母寢疾立誓不字奉養不離左右者數十年歿年四十三歲

以上三人道光時旌

呂賢鑑聘妻錢氏長樂萬衡女年十七聞夫訃不言亦不食夜靜自縊救之得不死縞衣素食獨處一樓者十二年隣媪罕窺其面姑聞其守貞狀備禮迎歸逾年卒卒之日異香滿室歷酷暑

三日面如生族伯孝廉燮煌爲作貞女傳咸豐元年旌

自商弈瑜聘妻劉氏至呂賢鑑聘妻錢氏計十人同治志誤

入節孝今更正

邢導淼妻錢氏道光癸巳秋夕鄰居火氏酣寢驚起火已燒房闥

度姑未起冒火負之竟不得出翌日視之形迹宛然負一姑更

抱一姪焉

魯國楨妻周氏夫亡引廚刀自刭以殉

以上二人咸豐元年旌載越郡闡幽錄

貞女趙業俊女　貞女王堯天女

貞女陳大遂女　裘德輝妻袁氏

以上四人咸豐六年旌載越郡闡幽乙錄

丁延齡妻王氏年二十將于歸延齡已患瘵父母有難色氏以死

自誓結褵未百日夫死氏矢志二十年卒

袁大志女閨九姑因母目瞽守貞不字奉母以終

以上二人咸豐時旌

趙世標妻支氏年十三適城北隅趙氏咸豐三年氏十六歲未婚夫故十一年十月初七姑病卒氏扶柩出城營葬畢而洪楊潰軍至城失守氏卽赴水死

自趙世標妻支氏至齊惟雲妻葛氏皆死洪楊潰軍之難載於舊志者或詳事實或祇列姓氏記錄似乎雜遝而各以鄉區爲比次亦自有其例也故仍之

周敬惺妻錢氏奉姑避難東丁村洪楊潰軍至焚掠甚慘氏別姑攜四歲子出村里許投水俱沒年二十四

廩生周佩銘妻李氏

劉太和妻沈氏

陳謀和妻曹氏

陳謀道妻周氏

朱鼎春妻丁氏

楊名山妻裘氏

陶秉和妻唐氏陶會稽人

王世賢妻胡氏

竺月旺妻施氏

儒士吳之楨妻王氏

秦世璘妻沈氏並居城西北隅

周豪積女玉妹居黃塘沿

馮有泉妻余氏馬鞍遶人

宋讓寶妻吳氏居小山

徐海洋妻鄭氏

王明鈞女大姑

鮑聖松妻史氏並居城東隅

謝孝英妻胡氏

謝殿謨妻婁氏並居城南隅

儒士章沛霖妻謝氏夫爲洪楊潰軍所擄投塘死居章村衕

王立武妻俞氏居下東渡

竺世清妻何氏居朱家笆衕

金十六女

余學禮女小妹並居石板頭

以上二都仁德鄉

鄭元相妻童氏與女同死洪楊潰軍之難竹山人

楊成宗妻朱氏居過港

以上康樂鄉

沈哲林妻林氏居浦口莊

葛家鵬妻馬氏居湛頭莊

葉惟封妻徐氏

葉惟春女小孫姑

章思九妻葉氏並居大屋莊

竹炳秀妻張和姑

以上崇信鄉

諸生竹謨妻童氏素孝謹同治壬戌四月洪楊潰軍至赴水救之大罵被刺喉死及殮面如生

竹臨標女小增姑壬戌四月避難山中服毒死並居東郭

鄭玉女圓金妹居下葉家

魏守榮妻沈氏居湖頭

袁玉臺妻章氏居石橋

張炳觀妻魏氏居白泥塴

魏恆昌妻鄭氏

魏景福妻余氏並居后棗園

魏志倫妻茹氏　魏洽倫女巧英並居官地

鄭明山妻竹氏黃塘橋人　求定方妻曹氏居陳家

唐煥榮妻張氏　唐守恆妻呂氏

唐孝養妻張氏並居上塘　以上笕節鄉

趙傳海妻汪氏女蘭香壬戌秋洪楊潰軍至匿叢林母被擄女出求代不許焚其母逼女不屈死居靈山鄉凹青莊

徐春熙妻葉氏居白巖洪楊潰軍至抱兒逃避不及被傷十餘刃母子俱死氏年十九

竺蘭芳妻吳氏居后山莊　以上金庭鄉

童聲禹妻徐氏居裏坂　童其安妻裘氏居山頭宅

童礽仙女全妹居上店　尹天才女仁妹居裏坂

張德鳳妻尹氏居沙園　朱加紹妻丁氏居後張莊

趙禮昭妻王氏居仙巖　以上遊謝鄉

王大仁女小妹居靈芝鄉唐墺莊爲洪楊潰軍所逼投塘死

裘文艮妻趙氏　裘耀牧妻黃氏

張文英妻丁氏居下相莊　裘炳全女居溪灘莊

任文治妻鄭氏　任金和妻陳氏並居下安田

以上崇仁鄉

喻朝松女生妹西樓人　任仁達妻裘氏居後岸莊

費錦標妻裘氏　費錦霞女煜音

費道愷妻斯氏　裘仁孝妻馬氏新官橋人

徐聖揚女居逵溪　以上孝節鄉　裘顯皓妻趙氏

金言煥妻裘氏洪楊潰軍至懼被辱服毒死

裘聖富聘妻王氏幼受裘聘夫亡矢志不嫁　以上崇仁莊永富鄉

烈女黃寶妹縠來莊黃庭春女同治壬戌洪楊潰軍至嵊寶妹隨母匿村北之溪下山猝遇潰軍曳之去母女相持不釋潰軍怒殺其母復曳之女大罵曰賊殺我母我豈從汝耶遂遇害時年十七

張明書妻呂氏子文東妻沈氏女小妹皆遇洪楊潰軍不辱死並稱貞烈

錢寶艮妻黃氏錢村人一家二口遇害

張恭照妻樓氏　黃珏聯妻郭氏

何成耀妻金氏居錢村　錢旺燦妻章氏

黃廷梁妻裘氏以上富順鄉

裘光三聘妻錢氏山口莊錢登壎女少孤童養於夫家居雅璜莊洪楊潰軍踞其村舉家避難青石坑光三聞潰軍將退潛歸探

其家遇潰軍迫索金帛不得縛而鞭楚之光三痛憤極遂仰藥
錢女聞之星夜馳歸而光三已毒發不可救錢女撫屍大慟亦
仰藥以殉是時光三年十有七錢女年二十有一未成婚也
支廷山妻任氏支鑑路人一家二口遇害
黃阿茂妻張氏居蔡市　范金相妻宋氏居范油車以上崇安鄉
王英釗媳周氏　張永繩妻李氏居下張莊
沈孝惇女增妹居沈村　陳玉山妻鄭氏居下陳
周孝均妻錢氏石璜人　呂和尚妻鄭氏居白竹莊以上羅松鄉
呂鳴鐘妻洪氏大灣人一家二口遇害
錢國燮妻沈氏　錢福林妻周氏並居璠田莊
張益老妻施氏居下王以上剡源鄉
邢象潮妻趙氏咸豐辛酉洪楊潰軍入村見氏欲辱之不屈遂死

於刃

邢洪照妻錢氏夫爲洪楊潰軍所殺氏投水死並居屋基

張孝惠妻劉氏石硦人辛酉十月爲洪楊潰軍所擄逼污不從被殺

邢偉堂妻王氏

邢康悌妻錢氏

董芳培妻徐氏並居橫店

邢佳樹妻錢氏一家二口遇害

呂正道妻王氏

增生應泰女桂仙並居高坳頭

邢觀成妻劉氏居前菴莊

邢延隆妻周氏

邢諸生妻劉氏一家二口遇害並居石下洋

麻芳老妻郭氏居麻家以上太平鄉

錢守初妻邢氏辛酉冬避難硦前山聞夫被擄欲自裁以身有孕止後還塞嶺遇洪楊潰軍赴水死越數日夫脫歸撈得之面如

生時年四十歲

廩生錢政均妻邢氏年二十六寡孝事翁姑撫子從和妯娌莫不稱賢辛酉冬避難奠玠溪洪楊潰軍突至氏與姪元俊妻鄭氏俱自縊鄭幼子亦死

諸生呂宗楷妻過氏居後宅　呂元逮妻鄭氏居白宅墅

錢家義妻李氏　錢旺法妻周氏

監生錢倫本妻邢氏　周醇江妻黄氏

儒士錢敦典妻黄氏一家二口遇害

錢金榮妻劉氏以上長樂鄉

徐保傳聘妻周氏居瑤姥山莊遇洪楊潰軍不屈死

周恩葵妻邢氏以上開元鄉　史善渭妻孔氏居后史莊

周阿玉妻張氏居上沙地　商維業妻張氏方山人

商德杞妻張氏居上沙　商德用妻黃氏
商春城妻黃氏並居堰底　以上繼錦鄉
宋康典妻張氏　錢敦松妻宋氏並居宋家
張慈恂女小妹東張人　葉雪根妻尹氏一家二口遇害
葉阿順妻王氏　葉鳳光妻趙氏
葉光焰妻王氏　葉光昌妻劉氏
葉金標妻楊氏一家二口遇害並居葉家莊
王忠山妻應氏　趙廷恆女紫妹
王聖照妻陳氏　趙萬鍾女蘭英並居西王
周明奎妻商氏　周庚老妻史氏
周殷禮媳張氏　周連翰妻袁氏
周連炯妻袁氏女海妹　周連爍妻吳氏女玉英同遇害

張金全妻丁氏並居上朱莊

張高分女桂妹

張允金妻周氏居上路西

周明益妻孔氏寺前人一家二口遇害

陳家銓妻鄭氏居陳家　以上積善鄉

李繼謨妻金氏

李德麟妻王氏

求君賜妻鄭氏

求瑞鳳妻商氏並居求家墈

張悌家妻王氏

尹慶芝女桂妹西王人

袁玉輝女忠妹居袁家

張允箕女大妹

張玉瑞媳葉氏

陳安松妻張氏居陳家

李春州妻錢氏一家二口遇害

李瑞憲妻支氏並居下楊莊

求榮偉女貞妹

宋何招妻方氏宋家人

尹大森妻吳氏

張祖林妻沈氏居後宅園

尹自見妻邢氏

趙世元妻呂氏並居尹家莊
袁金盛妻謝氏居王箭坂
張光煥妻陳氏甘霖鎮人
趙從義妻周氏倪家渡人
錢芳德妻俞氏居上高莊
張葉鳳妻尹氏
宋邦惠妻沈氏
宋應洪妻丁氏並居鴨舍坂
張金忠女小王妹
余小岳女小兔妹並居童家
王方賢妻邵氏一家二口遇害居上王 以上桃源鄉

尹德發妻周氏郡庠生佩銘女字采芝性至孝父母鍾愛之訓以書史知大義幼字范村尹福辰第三子及長尹家衰落親友議別字氏怒不食誓不二年二十五適尹克循婦道得舅姑懽心咸豐庚申洪楊潰軍陷金華淫掠無狀嵊人逃匿一空氏輒藏毒於身誓不辱明年冬潰軍至服毒死

竺小玉妻蔣氏天玉妻劉氏天祥妻費氏一家十三口遇害

張慶饍妻魏氏　竺孝標妻金氏
張孫兵妻沈氏　張慶安女
竺孝達妻黃氏並居范村　章功灝妻張氏一家二口遇害
章義潤妻鄭氏並居上金山　沈金法妻張氏
沈葉籌女圓妹並居杜山　張金玉妻俞氏居東湖塘
支秀水妻范氏支鑑路人　張慶益妻錢氏
張慶增妻裘氏並居溪邊莊　金詩文妻竺氏居西金莊
魏守榮妻沈氏居東湖塘　史善昌女鮮妹和妹
史積功妻王氏　史積士女並浦橋人
吳積輝女采珠采松遇洪楊潰軍不受污並死於刃
呂士昌妻裘氏一家二口遇害居王山頭下　以上清化鄉
俞秉禮妻金氏居蒼巖離城三十里辛酉十一月十六日洪楊潰

軍焚蒼巖氏抱幼子德星挾五子德春赴水死四子德昌時年九歲已奔上山矣聞母赴水即下山躍入水死純孝性成蓋與齊剡縣小兒後先媲美云

諸生俞嗣曾妻錢氏因洪楊潰軍恣焚掠懼辱自縊死

監生俞作霖妻袁氏烈女五姑

俞金秀妻張氏並居蒼巖莊　　謝世玉妻張氏

謝世孝女小妹　　謝元愷女寶妹並居江下

金世聞女雲妹　　沈忠芝妻夏氏

金良老妻俞氏並居東山莊　　錢柏林妻袁氏居金雞山

施仁監妻呂氏居橋裏莊　　施嘉明妻俞氏

施嘉武妻張氏並居和向田莊　　職員施乃溥妻沈氏女桂眷妹

監生施嘉籌女小招妹　　施成金女並居施家塽莊

陳錦山妻俞氏居嶸嶺莊

方蘭秀妻施氏居山白莊

袁祖顯女鳳英姑居周村

儒士張善緣妻陳氏福英居石道地

儒士李從雲妻趙氏遇洪楊潰軍赴水死居李家

以上禮義鄉

史積義妻趙氏居搗臼岕

馬學寶妻喻氏居下馬莊

監生袁鼎業妻呂氏

監生袁時期妻竺氏並居碧溪

袁金順妻謝氏

袁金雪妻謝氏並居雅朱

以上昇平鄉

沈煒女六姑

章宏賢妻王氏並居三界

節烈陳之盛妻王氏居陳村

節烈鄭思遠妻范氏

鄭可爲妻吳氏

鄭南榮妻余氏

鄭夢山妻趙氏並居長橋

陳秉禮妻沈氏

張楚猷妻陳氏居清水塘壬戌四月遇洪楊潰軍不辱與八歲兒同遇害時年二十

沈貞女沈阿富女　以上德政鄉

錢烈婦陳氏名潤河南太常寺卿勳女長樂錢光鼎妻光鼎父世瑞宦河南潤隨侍咸豐三年洪楊軍陷歸德世瑞與潤兄御史壇殉潤隨殉以孝烈旌工詩著有漱芳閣集若干卷亂後逸存一卷南海潘衍桐採入兩浙輶軒續錄

稟生裘英三妻王氏咸豐十年二月間省城不守氏挾二女一子投井死女僕見而救之已不及時年三十餘

蔡丙老妻何氏　宋和昭妻方氏

章永懷妻胡氏

以上二百五十一人並同治二年五年旌

陳殿蕃女華妹年八歲父歿十五歲母歿兩弟皆幼有議婚者皆不字旋兩弟又相繼歿無諸姪置祔祭父母田十餘畝閨範嚴

肅鄉里賢之同治初歿年六十餘

湯文豪聘妻史氏十九歲未婚夫亡過門守節繼姪天祥天聖爲嗣歿年六十六

以上二人同治九年旌

王世賢女金妹年十七從母胡氏避難石道地洪楊潰軍挾之去母挽之連傷十餘刃斃命金妹亦斃於刃母入節烈祠

王俊女幼字漩水灣喻仁安咸豐辛酉洪楊潰軍抵嵊其父因倩喻家迎歸年十五越二月懼被暴兵污服毒自盡

汪天象妻沈氏咸豐辛酉洪楊潰軍擄其□氏且駡且奪遂遇害時年七十七子嶸諸生

趙世忠妻鄭氏同治壬戌避難七里岡洪楊潰軍至氏卽投岡下塘死

王興豫妻呂氏辛酉冬遇潰軍投水死時年七十六子世彬（此下稱潰軍者亦皆洪楊軍也省文以避贅云）

周豪女大姑年十九辛酉遇潰軍不辱死

袁殿傳妻祝氏同夫被難死（以上居城中）

尹自榮妻董氏同治壬戌爲潰軍所逼投河死時年三十九二子皆被殺

盧潮洪妻商氏石板頭莊人辛酉避難居蓮塘潰軍至投水死

張邦洪妻尹氏壬戌四月遇難赴水死年十八（居山前莊）

朱周遠妻丁氏壬戌四月遇難抱子赴水死

朱嘉裕妻王氏爲潰軍所擄不屈大罵被割口耳殘解肢體以死

張立峯妻任氏遇潰軍逼之大罵被刺十餘刃死

朱啓虬妻楊氏壬戌遇潰軍不辱被刺喉死

朱嘉福妻葉氏潰軍逼污不屈投塘死

趙小牛妻金氏遇潰軍不辱死

余林金妻竹氏遇潰軍逼之大罵被殺並居何家村

袁章華妻王氏與章華俱老病以潰軍恣焚掠叱子若孫遠避潰以上康樂鄉軍至索銀氏大罵被刺中要害死年六十六歲

宋仁寶女大妹住曹家洋辛酉十月父爲潰軍所擄女號泣赴水死

葉魏氏厚仁莊人被擄不屈死以上崇信鄉

竹士茂妻黃氏夫早逝壬戌四月病不能行囑其子若媳抱孫避難子媳不忍棄母氏曰爾祇顧我不顧先人血食乎若不去我先死矣子知母性素烈不敢違抱兒與妻去潰軍入村焚戮極慘氏投屋後池中死時年四十餘

鄉賓竹興林妻林氏年七十三夫年八十一辛酉閏城陷夫婦從容分堂上梁左右投繯

武生葉梓林妻袁氏壬戌四月遇潰軍投水死年三十四

儒士竹盛彩妻唐氏同前不屈死年六十八

儒士葉士孝妻周氏同前不屈死

儒士竹臨翰妻金氏同前不屈死

丁升泰妻王氏遇潰軍索銀不允被縛大樹剮割死時年六十二

陳光周妻張氏同前不屈死時年二十方懷孕焉

陳光林妻林氏遇潰軍創數刃死時年八十

許德茂妻張氏年八十死難子新國

許廷璧妻王氏　丁岳金妻胡氏並居許宅

王貞女王睿季女　王貞女王睿聖女並居筮節鄉

金大潮妻薛氏居下蕩頭莊

張基詮妻俞氏年七十三死難

魏炳法妻陸氏年十八遇難死並居沙地

樓宏善女小姑壬戌四月遇害居朱湖山

張炳觀妻魏氏遇難死年四十八居沙地莊

丁孝貴妻陳氏胡頭莊人壬戌五月遇潰軍不屈死時年三十六

袁玉情妻呂氏壬戌九月初三日殉難時年三十五居石橋莊

以上竝節鄉

屠宗槐妻馬氏辛酉十一月十六日遇潰軍抱幼子謹紅投水死年三十五居江東莊

魯增海妻陳氏潰軍陷城氏抱子赴下楊莊門前塘死馬路堂人

姚狗妻王氏爲潰軍所擄強逼不從斷其左手死居東林莊

姚占貴女居歡潭莊壬戌八月被擄不屈剐爲肉泥里人親覩之

年十八　以上忠節鄉

竹運木女月姑居十八都年十九未字村狂戲之恚甚輒服毒父母慰問女泣曰兒無兄弟本欲侍二親以終天年今橫遭欺辱死難瞑目果有鬼神者兒知所以報矣言畢氣絶未幾村狂亦猝死鄉里驚異之時同治二年事也

沈菱川女蓮貞居裏坂莊生嘉慶丙子年幼字棗樹灣王姓子未婚忽傳王姓子暴亡女聞之潛投水死越數日獲屍殯路亭石上葬後見石留女形迹二年始沒亦奇

喻忠佑妻沈氏居禹溪莊辛酉冬遇潰軍被逼投江死時年二十三歲

汪宣銀妻李氏居十八都張墺莊年三十一壬戌秋爲潰軍鎗擊抱週歲兒同死越數日宣銀亦死　以上遊謝鄉

王文相女小姑字裘聖富爲室未婚夫亡時女年十六在母家飲冰茹蘗苦守三十餘載潰軍至嵊與家人語曰我遇賊必死殮時毋易我裏衣也後得其屍於井面如生如其言以殮時年五十有四歲

諸生裘良成妾張氏同治乙丑良成赴鄉闈試病歸道卒氏慟哭絶而復甦愈數月葬祭畢卽服毒死

裘功贊聘妻馬氏附貢芬桂女字同知嗣錦幼子未婚卒氏年十八自矢守貞越五年憂鬱成疾卒以上崇仁鄉

胡道全妻徐氏已寡撫子辛酉遇潰軍威逼不屈遂遇害時年四十七居宋家墩莊孝節鄉

鄉賓馬志馨妻錢氏辛酉十月初七孫飛熊擊潰軍陣亡氏聞自縊時年七十一

俞民進妾王氏民進亡氏年二十六嫡費氏欲使嫁婚議已成氏聞之自縊死

張錫全妻黄氏翁與夫及子俱爲潰軍所擄氏大駡傷刃投水死年二十九

諸生黄仁元繼妻劉氏與孫通鏡同爲潰軍殺死并焚其屍

俞迎鳳妻黄氏遇潰軍不屈破腹死年四十二

張小賢妻王氏遇潰軍被斷四肢死年二十

駱甫生妻李氏居徐家培莊年二十七聞婦女遇潰軍鮮不辱李曰不使近奈我何人告之曰激使怒必被殺後與家人避匿山中潰軍搜山知不能脱縊女大駡毋女同被刃而斃時無棺家人以石灰殮土中踰年改葬面如生

裘書德妻錢氏年三十三寡潰軍入境死難 以上崇安鄉

王奇香女字下城陳渭占爲室同治壬戌年十八未婚潰軍至被擄至璃田石橋頭投水自盡潰軍掀之起遞至山口營哭駡不絶聲遂斃於鎗同擄者歷歷見之居趙宅莊羅松鄉

監生錢越東妻呂氏世襲雲騎尉增生宗楷女辛酉十一月殉難居剡源鄉

劉漢錦妻錢氏生道光丁酉年二十六痛夫死以頭搶地不欲生妯娌防守之潛自盡遺孤甫七歲居石砩莊

舉人邢照妻郭氏居横店辛酉十一月七日遇難死年七十八

監生邢偉濟繼妻呂氏壬戌八月十七避難黄金嶺遇潰軍逼之大駡遂被害年四十一

邢功樹妻夏氏辛酉冬遇潰軍不屈死子祺壽亦殉居墈頭莊

邢仰最妻錢氏同前不屈死年三十六

邢仰錦妻史氏同前不屈死年二十九

邢康顯女法英辛酉冬殉難年十四

邢康林妻陳氏同上殉難年二十八

王小弟妻邢氏同上殉難年二十八

馬旺麟妻邢氏同前不屈死年二十四以上太平鄉

過運隆妻周氏辛酉冬潰軍殺其二子逼污氏氏罵不絕聲旋乘間自縊於牀潰軍亦不敢入運隆被擄越二十日脱歸解其懸面如生時年四十五

過運春妻邢氏辛酉冬奉姑抱子避難山中潰軍搜得氏殺其週歲兒強之去不屈死時年二十並居尤家村

雙烈婦不知其姓氏辛酉冬潰軍踞長樂擄二美婦來泣不從逼之哭且罵潰軍縛二婦於河邊枑木上焚之二婦死而古木亦

枯長樂諸文士作輓詞以哀之

鑑清烈女不知何許人辛酉冬被潰軍擄至長樂欲污之泣不從使同營婦勸諭着金玉玩好任其所取備鼓樂成禮女堅執不允被殺鑑清池畔以上長樂鄉

史鳴盛妻裘氏居湖前莊辛酉冬避難瑤姥山中卒被擄越三日有被擄婦逃歸者言氏半途乘間投塘死家人尋覓得屍面如生

商世坤妻陳氏居沙地莊辛酉年二十四遇潰軍逼之投水死月餘得屍面如生以上繼錦鄉

邢秀華聘妻周氏居開元鄉辛酉冬遇潰軍不屈赴水死

袁廣朋妻商氏居黃泥山莊積善鄉辛酉冬遇難抱兒赴水死年二十五歲

李德麟妻王氏居下洋莊辛酉冬歸寧母家潰軍猝至赴水死

黄國棠妻鍾氏居甘霖鎮遇潰軍投水死

裘聖科妻謝氏居淡竹　以上桃源鄉

李學燦妻支氏居查村莊翁姑病在家婦不忍離側潰軍至赴水死

沈有第妻馬氏壬戌正月遇潰軍不屈死居上杜山

李學棠妻王氏遇潰軍赴水死居范村

金詩章妻周氏同前赴水死居西金

史善發妻竹氏辛酉潰軍至善發臥病在牀氏侍不去善發被害氏投水死年五十八

史致詞聘妻裘氏年幼未嫁聞夫被擄苦志守貞五六載望夫不歸自縊死並居浦橋

王傳迪繼妻裘氏辛酉冬遇潰軍不辱赴前村大溪七畝爿投潭死

王傳茂繼妻姜氏辛酉冬遇潰軍不屈赴門前塘投水死並居白泥墩

朱萬森妻俞氏夫被擄氏大罵被殺年二十八居葉家衖　以上清化鄉

俞協望妻張氏辛酉六月適協望十月十九日夫被擄氏即於是日赴水死年十七

俞招老妻竺氏年三十二夫故潰軍至投水死並居蒼巖

俞康均妻裘氏同前居殿前莊

求子雲妻曹氏同前居東陳莊

求培善妻王氏辛酉冬潰軍至服毒死

謝世達女方妹壬戌九月從兄方銀避難於拓村潰軍至不辱投塘死居江下莊

戚德源妻周氏壬戌遇潰軍不屈抱嬰孩投入池中死年十七居和尚田以上禮義鄉

袁廣墅妻呂氏　袁大春妻劉氏

袁才有妻張氏　袁善金妻竺氏

袁時英妻王氏　袁時寅妻錢氏

袁有土妻張氏以上七人居碧溪村辛酉十月十六日同死潰軍之難

馬福泉妻謝氏年三十餘遇潰軍隨姑赴水死居下馬莊

馬步瞻妻張氏壬戌九月遇潰軍不屈死時年四十九

馬德坤妻錢氏　馬紹榮妻沈氏並居馬家莊

高承志妻史氏遇潰軍死甚慘

高承聖妻馬氏並居黃泥橋　以上昇平鄉

儒士鄭丙熙妻黄氏官洋莊一秦女同治七年適長橋鄭氏九年三月丙熙病危氏侍奉湯藥衣不解帶者累月四月初二日氏刲股以療不效翌日夫亡氏絕粒又翌日殮夫畢哀毀自盡年二十五歲

鄭汝驤妻吳氏壬戌遇潰軍不辱死年四十五居長橋莊　以上德政鄉

羅九姊年四十二未字壬戌八月避難東鄉塘頭村遇潰軍不屈死

裘雍瑞妻張氏居下洋坪壬戌遇害年二十一

齊惟雲妻葛氏居百步嶺同夫遇害

以上同治九年請旌

俞蕙蘭富順鄉張媪婢也年九齡育於張媪媪撫之如女性慧工刺繡服役勤媪家長幼咸愛而憐之洪楊軍之難媪闔家匿山

谷間蕙蘭奉媪命歸家取篋衣潰軍有竄自諸暨者獲蕙蘭欲犯之蕙蘭駡曰賊輩殺人放火恣辱婦女神人共憤不日無噍類矣潰軍怒剖其腹時咸豐辛酉十月十八日新纂下同

呂烈婦錢氏長樂人歸士人呂學海咸豐辛酉冬洪楊潰軍陷嵊掠婦女有生還者氏語人曰賊非能污人人自爲所污耳脫我遇賊者誓以頸血濺其面聞者或笑之無何潰軍至長樂氏隨父汝瞻避東陽桿竹灣潰軍忽蠭擁至氏倉皇知不免趣汝瞻匿他所而以身逆潰軍叱曰快殺我無多言遂遇害

史烈婦趙氏中南田人趙邦朝女昇平鄉史義全繼室事親孝歸義全後生子積鑑前室汪氏生積煥撫之均一未幾義全病彌留目睊睊視兩兒氏泣語曰身後事請以一身肩之毋慮目遂瞑會洪楊潰軍陷嵊氏挈兩兒避黄箭坂道遇潰軍以刃置積

煥項索金錢氏涕泣跪求則移刃刃氏積煥㖓且踣氏大罵連刃之積煥蘇視氏腦裂髓流矣積鑑時七齡偕兄積煥乃句人舁歸殮之

周烈女開元鄉人字涂傳保未成婚而潰軍至女被逼不屈死

俞烈婦錢氏禮義鄉諸生俞嗣曾妻洪楊潰軍至大肆淫掠錢懼辱自縊死

黄烈婦張氏居黄箭嶺下黄雲漢繼室避難匿山中爲洪楊潰軍所得索金錢張罵曰吾家故有錢已輸團練矣一人舉刃擬之旁一人曰有百金可不死張曰已言之矣若輩狗彘耳速殺我無多言遂斃於鎗時同治壬戌九月十八日

魏烈婦吳氏筮節鄉魏至倫妻性莊嚴至倫好飲酒入房中爲諠語吳正色曰妾聞古者相敬如賓今夫子醉而越禮妾過矣妾

過矣至倫聞言心敬之自是言動不敢苟粤難時道遇潰軍脅以刃吳叱曰吾身可碎不可辱魂魄有靈當請於上帝有以懲賊輩矣潰軍鈎其舌斷之上下唇猶翕闢作駡狀

樓中妹巖潭人同父賢銀避難於莫壞洪楊潰軍搜山被虜脅辱之不屈遇害時同治壬戌秋

金烈婦方氏居榆樹村金孝備妻同治元年孝備死避難抱幼孤匿山中洪楊潰軍搜山見氏衣縞素調之授以金不從脅以刃不從則指所抱孤刼之曰從我則孩活不者汝母子膏吾刃矣氏怒駡不絕口剖其腹臠其肢孤同死

李烈女梅溪村周鳳相妻幼育於周慧而勤爲舅姑所鍾愛遭洪楊潰軍之難匿山谷被虜途次躍入三溪潭死時同治壬戌年十九尚未婚

王烈婦戚氏王延賓妻遇洪楊潰軍詬之大駡被剖腹死

求烈婦陳氏求爾大妻洪楊潰軍陷嵊至棗園見氏欲辱之氏不屈被磔死

求烈婦曹氏求林芳妻遇洪楊潰軍躍入水死

史烈婦沈氏史積斌妻遇潰軍不屈斷頭死

史烈女史善述女遇潰軍不屈投水死

張烈婦王氏德政鄉張宗興妻年二十三同治壬戌虜於潰軍利誘威脅不爲動縛諸樹大駡被割乳剖胸而死

張烈婦陳氏德政鄉張初有妻同治壬戌虜於潰軍見氏美欲污之氏大駡遂遇害

陳烈婦王氏德政鄉陳兆南妻同治壬戌兆南被潰軍虜氏哀求不釋且詬之遂大駡遇害

馮烈婦張氏德政鄉馮春蘭妻爲潰軍所擄抗不受辱遇害於駱家溪

盧貞女字遊謝鄉周和暢和暢先娶張生子敬德三歲而張卒乃聘女娶有日矣會洪楊軍陷嵊盧家舁女至其姑母所姑母與和暢同里閈邀和暢面女謀所以避難者謀未定而洪楊軍突至遂分道竄和暢被虜不返越一年盧家迎女歸蓋圖改適也女涕泣自誓執不可家人義之居家一月而歸周時年二十一歲也事翁姑撫敬德自女入門翁姑無子而有子敬德無父而有父焉持家勤儉浣濯烹飪必躬親增置田園倍於舊産晚年尤好善樂施

金順妹城中王祠前棠媽子婦也棠媽不知其夫姓以雛鴉片爲業順妹自幼撫於媽成人矣尚未婚豪吏裘某者覬順妹屢啗

媽金錢以示意媽微諷順妹輒峻拒之裘某曰是不難若夜半引吾入寢所不患不遂因授銀幣二十圓媽諾之順妹不知也是夕裘某潛入順妹所媽自外鍵其戶順妹號呼怒駡裘某遯責償前金媽憾順妹甚酷虐之順妹竟服鴉片死時同治四年乙丑二月十八日

李烈婦黃氏崇安鄉李明炳妾炳家貧妻屠氏無子納黃生子曰春榮甫晬而炳病彌留時命氏嫁氏泣曰諾炳卒葬事畢抱春榮置屠懷入寢室久之不出呼之不應入視則僵臥已仰藥矣同治甲戌八月二十一日距炳才五日年二十九

史兗妹白鶴鄉人父家武兗妹年及笄父殞弟瑞塘未成童而母又喪明家故貧賴兗妹一人經紀之母以兗妹年長大爲議婚兗妹念母瞽弟穉不忍去乃誓不字媒妁輒拒之布衣蔬食終

其身未嘗施脂粉晨起傭工縫紉夜歸篝燈紡績以爲常及瑞棠有室能自立乃與分居晚年歲入穀可數十石皆銖積寸累所致也同治十一年冬卒鄉里稱之

仙招不知所自出邑城墮民周某夫婦抱自保嬰局撫爲女年未笄美而慧刺繡絲竹經耳目即工合甲墮民弛禁久顧囿於俗給事婚喪家如故會鄰婦見仙招舉止大方微詞惋惜之仙招疑焉從周某夫婦問語枝梧不能掩仙招則大號語所善鄰女曰哀哉吾長爲無父無母之人也不如死遂投井遇救得活時年才十四也事聞嬰局董事茹魯魯召周夫婦與約出仙招於周某家字平民而歸財賄於周往返不得要領自是仙招不肯執賤役周夫婦百計解慰之仙招念撫字恩柔順如初而居常邑邑一日有應姓少年入室調之仙招怒批其頰益感傷父母

不置先是周婦通豪吏某吏艷仙招然憚其端嚴與周婦謀市錦繡召縫人爲衣裳數襲媚仙招曰以畀汝仙招旁睨默然出則語所善鄰女曰烏用是吾終不以華服被其身也是夕仙招取胡琴高歌一曲周夫婦私語竊喜蓋仙招自投井後無如此夕懽者夜半吏入門周夫婦出所儲鴉片款吏見盂中鴉片少意仙招呼之則臥闥嚴局破扉入而仙招已瞶迷不救矣時光緒三十四年戊申八月年十七

童貞女下璜人字吳直廉未婚而直廉謝世請於父母臨其喪不獲命遂鬱鬱致疾疾革時氣不絕如絲以手指心目視兄欽文欽文喻其意謂曰妹志吾知之當令入吳氏廟爲吳氏婦也遂瞑目吳氏感其意迎柩與直廉同穴葬欽文廩貢生

王瑞仙趙宅人父廷鑑無子父死母老而多病瑞仙以奉母終

陳華妹下城人父孔學孔學夫婦歿弟幼華妹經紀家政撫弟成立遂不嫁

陳員妹下城人父孟緯死員妹終身侍母

裘烈婦費氏崇仁鄉諸生裘艮妻年十九歸艮一年而艮卒氏慟欲以身殉姑慰喻之乃視喪喪畢輒飲泣不食姑憂之令歸寧以解其意是年遇閏俗以閏年製殮衣爲吉氏請爲父母作殮衣父母許之不虞其以此示永訣也値艮虞祭告歸迂道過艮墓哭抵家設艮位祭祭畢寢不哭亦不食明晨日高不起啓戶視則縊而死矣衣履整齊色揚揚如常時光緒二十九年十二月十五日年二十距艮死蓋百日云

周烈婦袁氏開元鄉周恩棣妻舉止莊重鄰某甲慕之以其不可致也將刼之光緒甲午夏里有溺死者恩棣往守屍夜未返氏

寢滅燭某甲潛拔關入伏牀下氏聞窸窣聲疑之而恩棣返氏曰頃若有聲盍燭之恩棣曰鼠耳遂寢恩棣溲下牀取溺器觸伏者手大驚索火燭之曳而出則某甲也先是鄰有入恩棣室盜金者爲氏所獲恩棣愬諸里之長者其人大慚啣之因曰余豈爲財來者爲其婦來耳氏大恚比獲甲涕泣語家人曰余決不生矣曩時事余恨恨至今今某甲又然余其何以爲顏乎余不可一日重受其詬也言已大慟家人勸慰終不解竟仰藥死氏故有身數月矣死時腹上下震動見者悼焉

鄭烈婦周氏開元鄉縣學生芭豐女年十八歸歲貢生鄭錫蘭次子樹雲鄭故寒士教授生徒藉脩脯自給樹雲耕且讀氏佐以紡績事夫後母尤盡禮姑亦深愛之光緒十五年樹雲卒氏慟甚欲從之死姑多方譬解氏敬諾自是飲食言語如平常舅姑

或悲思其子氏轉援他事亂之家人疑其哀稍衰矣居無何親串中有憐其年少且無子者招之往慰以詞從容諷使改嫁周愀然不語亟辭歸歸則使人治衣履諸物甚備又出平時紡績所餘資分貽鄰里貧乏者及期屆樹雲小祥氏晨起語其姑曰世傳婦人後夫死夫必待於地下復得相見其說信乎姑不測其意默然不答是日將營小祥之祭氏沐浴居寢室不治具姑不忍強乃自治之既而入呼氏則端臥於牀服御一新皆前此使人爲之者也駭而問之猶起對曰兒已仰藥將死不能終事舅姑矣未幾遂絕時光緒十六年二月八日距樹雲死一年其月日時皆同年二十七

竺烈婦蔡氏竺德法妻年二十二寡家貧無以爲活嘗擷藜藿果腹會歲旱有勸之嫁者歎曰予嫠居十四年從未乞人憐非禮

之言胡爲乎來耶遂自縊縊之前蓋餓已數日矣

郭月仙石砩人父昭佐廩貢生母王有孝行月仙歸長樂太學生錢憲焯焯藉父祖業生長綺紈體羸弱前妻樓無子娶月仙日夜期望舉一男嘗上方巖爲禖祀蓋焯雖少年恐不永年故爲是亟亟每與月仙言甚沈痛月仙爲之愀然無何月仙娠焯喜以禖祀有靈也而焯旋以病死月仙則節哀忍哭且善自調攝人於是知月仙意有在越一月月仙臨產呱呱墮地則女也昏迷中急詢男乎女乎家人紿曰男月仙喜甚笑曰然則亡人地下其瞑目矣遂令乳媪哺之一日乳媪抱嬰兒入月仙取嬰兒置於懷脫其襁換之始知受紿遂呼號跳擲展轉牀褥以死時光緒某年月日也年若干歲有司上其狀以烈旌錢氏爲立建坊田二十畝月仙母王以爲坊有時而蝕不如移以興學乃均

其田入陽山長樂兩學校

錢貞女幼字太平鄉邢洪正咸豐辛酉粵難作洪正父治亭迎錢挈之同避難而洪正被虜與氏固未婚也難平治亭夫婦遣之歸氏曰兒入邢氏門即爲邢氏婦且安知夫子之不生還也即萬一失望兒何忍以患難生死二其心兒計決矣願終身侍左右惟兩大人憐之嗣是與姑同寢處晨昏定省奉職彌謹迨光緒癸巳知洪正生還無望乃具衣冠招魂以葬爲洪正立後光緒間旌

馬延淦聘妻黄氏居馬村未婚而延淦死氏年十六歸馬守貞二十一年卒光緒間旌

仲香逸其姓適孫氏並逸其夫名夫死入孝節鄉鳳節庵爲尼有强暴者艷之脅以力仲香大號衆集視强暴者遁鄰媪有㘖仲

香者爲飛語汙之遂仰藥死蓋自明其志云

孫昭妹孝節鄉字某氏婚有期矣會父母相繼死弟幼昭妹不忍離去還壻家聘金婉言解前約撫弟成人爲授室昭妹歿弟之子置祭田祀焉

龔烈婦閻氏德政鄉閻常青女歸會稽龔端甫有至性毋王病篤閻禱於神刲股肉飮之病良愈家人無知者迨歸龔未二年而端甫病醫藥無效復刲其股從容裹創訖治湯進而端甫竟死旣殮乃仰藥以殉年二十有四

陳烈婦邵氏大興人德政鄉副貢陳藩繼室也父承宣交河教諭烈婦幼嫻翰墨有繡燈餘吟詩草嘗刲股療毋疾旣歸藩撫藩前室子以慈稱藩病禱於神求以身代首叩地額墳起不自知也藩詰之則紿曰爲他物撞致腫耳無何藩死視殮畢將身殉

家人環守之守稍疏仰藥死距藩死才九日時光緒二十年八月年三十三直隸總督李鴻章上其事旌如例

孫五美東土鄉人父夢庚增廣生女字會稽金氏子里有無賴造飛語故使金氏子聞之金氏子詗知其誣旋筮日親迎及期五美曰壻家縱不我疵我倘無以自明奇辱不雪則吾志不伸所貴爲女子者廉恥而已安能俯首低眉靦然偷生旦夕乎竟自盡

王兎妹華堂人喪父母弟幼兎妹曰父母生子爲門戶計匪直男子即女子亦與有責焉遂主家政撫其弟有富人聞其言遣媒妁數輩來兎妹因指其弟曰捐此小弱者良不忍吾志已決終不以富而移也聞者歎服比弟長大一家咸敬憚之

賢媛

周幽貞開元人父燮臣西華縣丞年二十四歸長樂諸生錢溥嫻翰墨嘗侍父任所掌內記室西華丞署有古柏一本題曰柏堂朝夕吟詠其間因自號柏堂侍史及歸溥賓客賦催妝詩索和不答詰其故曰嗣今當誦敬姜語供婦職不敢復事風雅也子壎咸豐間歲貢以詩名著有穀貽堂詩存孫仁瑞義瑞聖瑞合溥貞詩刊之多在室時作南海潘衍桐採入輶軒續錄

陳蘭君上虞人遊謝鄉童孝廉瀚繼室蘭君幼失怙大父愷官甘肅蘭君隨侍讀書通經史工詩無何愷卒於任蘭君奉母旋籍寄食王氏謝氏有此身自笑如春燕飛去飛來王謝家句讀之不知其爲感慨身世也著有滴翠軒詩稿二十四卷末梓南海潘衍桐採入輶軒續錄

陳姮貞晉溪姚景松妻父坪山來陽巡檢有惠政祀來陽貞幼有才藻師事喻孝廉珊亭工吟詠歸景松步障酬賓紗厨課子時人稱焉遺稿已逸徵得零章斷句清婉有致

卞陳氏馬溪陳子相女年十八歸卞家山等卞文選卞故有竹山在流沙村與土豪李某山毗連爲所侵占氏勸卞弗與較後李貧告貸氏家輒慨與之不少吝如是者數十年計累千餘金及李病將死以其宅左右竹山署券償前負氏遜謝強之而後受人服其量顧膽力又逾人嘗往山中拾栗有虎躡氏後以兩足拊其背氏疑爲姪某嚇之徐語曰毋爾回視乃一巨虎叱之曰畜生毋爾欲噬則噬之言畢虎竟去一時傳以爲異

嵊縣志卷二十二終

嵊縣志卷二十三

經籍志經　史　子　集

剡中書目著於剡錄者四十二種凡鄉賢寓賢所撰箸及有裨於掌故者皆屬焉道光同治兩志廣之得二百六十餘種近復稍稍增益矣而舊志或闕或佚如歐陽子所云凋零磨滅者不可勝數焉豈華文少實不足以垂世而行遠歟而殘編斷簡間出於山巖屋壁之中者亦往往而有則雖無其書而有其目與其汰而刪也無寧拾而存之以俟蒐遺書者有以考焉是亦歐陽唐書志藝文之遺意也志稱經籍昉自隋書庶與藝文不相濫爾作經籍志

經類

中庸傳一卷剡錄晉戴逵撰

五經大義三卷隋書經籍志晉戴逵撰

五經纂要剡錄晉戴逵撰

中庸傳二卷隋書經籍志晉戴顒撰

月令章句十二卷唐書藝文志晉戴顒撰

王弼易注南齊書顧歡傳注王弼易二繫學者傳之

尙書百問一卷隋書經籍志齊太學博士顧歡撰

毛詩集解序義一卷隋書經籍志顧歡等撰

經論三卷張志唐秦系撰

春秋傳說分記五十卷府志宋單庚金撰

春秋傳說集略十二卷府志宋單庚金撰

論語增集說約府志宋單庚金撰

春秋經傳解十卷萬歷府志宋許瑾撰

易參五卷李府志明喻安性撰

卦說六十四篇坤貞四則乾隆李志明吳應芳撰

詩經附志府志明王三台撰

四書附注府志明王三台撰

詩學解府志明周汝登撰

四書宗旨府志明周汝登撰

讀詩補箋乾隆李志清喻恭復撰

春秋辨義道光李志清鄭文蘭著

周禮輯要道光李志清鄭文蘭著

四書廣義乾隆李志清裘光鑣著

四書解道光李志清裘式玉著

四書講義道光李志清吳桂先著

五經摘解乾隆李志清徐一鳴著

五經疏解乾隆李志清裘光鑑著

五經便覽道光李志清周大用著

詩訓求故十卷清邢佳畹撰

左國繹義清邢復旦撰

三墳訂譌清呂鏞撰

周易纂義清陳世昌撰

史類

竹林七賢論隋書經籍志晉戴逵撰

戴氏譜一卷剡錄晉戴顒撰

葛仙翁別傳一卷見剡錄

戴逵別傳一卷見剡錄

阮裕別傳一卷見剡錄

阮氏譜一卷見剡錄

王羲之許先生傳一卷見唐書藝文志

王羲之別傳一卷見剡錄

王氏世家五卷見剡錄

支遁傳一卷見剡錄

王氏家牒十五卷見剡錄

王氏家譜二十卷見剡錄

謝氏家牒一卷見剡錄

政綱一卷南史齊顧歡撰

平剡錄一卷唐書藝文志唐鄭言撰

奏章三卷萬歷府志宋姚舜明撰

司馬遷史記注二百三十卷會稽續志宋姚寬撰

補注戰國策三十一卷會稽續志宋姚寬撰

戰國策注三十三卷乾隆四庫書目舊本題漢高誘注今考其書實宋姚宏因誘注殘本而補之其中二卷至四卷六卷十卷爲誘原注餘皆宏所補注也

乾道奉使錄一卷書錄解題宋姚憲日記

奏議一百卷府志宋趙子潚撰

龍城錄浙江采集遺書宋王銍撰

剡錄十卷乾隆四庫書目宋高似孫撰徵引賅洽多唐以前遺文軼事其先賢傳必注所據之書可爲地志紀人物之法其山水紀仿酈道元水經注例脈絡井井亦可爲地志紀山水之法

會稽三賦三卷乾隆四庫書目宋王十朋撰嵊縣周世則注會稽風俗賦

千古功名鏡十三卷宋吳大有著見采集浙江遺書錄

嵊縣志十八卷浙江通志元至正間許汝霖修

嵊縣志浙江通志明成化甲午縣令許岳英屬邑人錢悌修

嵊縣志十卷浙江通志宏治辛酉縣令徐恂屬邑人周山夏雷等修

嵊縣志十三卷內閣書目萬歷戊子周汝登撰

嵊志備考浙江通志明王國楨輯　府志作嵊獻

兵部奏議二十卷府志明王心純撰

孝行傳府志明鄭漢千撰

全史類函乾隆李志清商洵美撰

歷朝女鑑四卷道光李志清裘組著

嵊縣志十二卷康熙癸亥縣令張逢歡屬邑人袁尚衷等重輯

嵊縣志十八卷乾隆壬戌縣令李以炎輯

嵊縣志十四卷道光戊子縣令李式圃輯

默記三卷宋王銍著

嵊縣賦役全書明施三捷著

貴門山水志一卷清呂燉煌著

嵊志賸言二卷清錢鎔著

三省洋防志清錢燧字月樵著

地理大全清陳世昌著

嵊縣志二十六卷清同治庚午蔡以瑞輯

聽鸝山館外史清魏邦翰著

元木赤補傳注一卷清丁謙著

蓬萊軒輿地叢書六十九卷清丁謙著

元馬哥博羅遊記補注一卷清丁謙著

宋徐霆黑韃事略補注一卷清丁謙著

宋謝靈運山居賦地理補注一卷清丁謙著

史類

子類

竹譜 同治志晉戴逵著見黃庭堅書

老子音一卷 隋書經籍志晉戴顒撰

逍遥論 宋書戴顒傳述莊周大旨注逍遥論

戴氏琴譜四卷 剡錄戴顒撰

相馬經 道光李志支遁撰

支遁經論三卷 見剡錄

議論備豫方一卷 隋志于法開撰

謝靈運遊山志一卷 見剡錄

謝靈運山居志一卷 見剡錄

老子義綱一卷老子義疏一卷 隋書經籍志齊顧歡撰　唐書作道德經義疏四卷義疏治綱一卷

夷夏論一卷 隋書經籍志顧歡撰

神仙可學論一卷唐書藝文志唐吳筠撰　下九種同

元綱論一卷

兩同書一卷

明眞辨論二卷

輔正除邪論一卷

辨方士惑一卷

心目論一卷

復化論一卷

著生論一卷

形神可固論一卷

梁眞刋謬論一卷通志吳筠撰

秦系著老子一卷見剡錄

西溪叢語二卷乾隆四庫書目宋姚寬撰其書考正舊文多精確之處

五行祕記一卷會稽續志宋姚寬撰

玉璽書一卷會稽續志宋姚寬撰

弩守書會稽續志宋姚寬撰

子畧四卷目録一卷乾隆四庫書目宋高似孫撰首卷冠以目録由漢志隋志唐志庾仲容子鈔馬總意林至鄭樵通志藝文略所載諸子皆存其書名而削其門目略注卷數撰人於下其下四卷則似孫所論斷凡三十八家雖品題未允然皆實覩其書非鄭樵焦竑輩輾轉販鬻徒見書名者比也

硯箋四卷乾隆四庫書目宋高似孫撰一卷爲端硯二卷爲歙硯各附以詩文原有硯圖四十二今已佚三卷爲諸硯品四卷則詩文之爲諸硯作者

蟹略四卷乾隆四庫書目宋高似孫撰分十二門以補傅肱之遺曰蟹原蟹象蟹鄉蟹具蟹品蟹占蟹貢蟹醼蟹牒蟹雅賦詠雖偶有疎舛而較傳譜爲詳備

緯略十二卷乾隆四庫書目宋高似孫撰似孫子略郎論諸子騷略郎論楚詞惟此書以緯略爲名而非論緯書大抵

皆考證舊文疏通疑滯採摭頗富

騷略高似孫撰

默記三卷乾隆四庫書目宋王銍撰所記皆汴京朝野遺聞惟末一條爲考證曹植感甄賦事

松下偶鈔萬歷府志宋吳大有著

醫學祕集張志明裘澧著

歸田錄府志明胡淮撰

大極圖解一卷萬歷府志明周山撰

宗旨證參李府志明王應昌撰

聖學宗傳十八卷明史藝文志明周汝登撰

程門微旨一卷浙江通志周汝登撰下六種同

王門宗旨十四卷

東越證學錄十二卷

海門語錄一卷

海門或問一卷

聖行宗系助道微機

楊邵詩微

名山息游府志明周光臨撰

聖學正宗張志明王國楨撰

敬時錄乾隆李志明王國楨撰

內則徽音乾隆李志明王國楨撰

類抄十二卷府志明袁祖憲撰

明心學淵源明錢思棠著

理學譜道光李志清張守佐著

洗心錄清張守佐著

及幼仁書六卷道光李志清裘綸著

花卉圖考四卷道光李志清邢樹著

詩學叢談道光李志清柴際春著

百將評衡清徐一鳴著

廬陽讞語清徐一鳴著

廣平子十二卷清徐一鳴著

解析幾何學三卷清裘翰興著

集類

王羲之集九卷隋書經籍志

許詢集三卷隋書經籍志

孫綽集十五卷隋書經籍志

戴逵集九卷隋書經籍志唐書藝文志作五卷

謝玄集十卷唐書藝文志剡錄作十五卷

沙門支遁集八卷隋書經籍志

謝靈運集十九卷宋書本傳唐書藝文志作十五卷

謝靈運詩集五十卷唐書藝文志

謝靈運設論集五卷唐書藝文志

謝靈運連珠集五卷唐書藝文志

謝靈運集鈔十卷唐書藝文志

謝靈運七集十卷（唐書藝文志）

謝靈運詩英十卷（唐書藝文志）

謝靈運回文詩集一卷（唐書藝文志）

謝靈運賦九十二卷（剡錄）

顧歡集三十卷（隋書經籍志）

顧歡文議二十卷（南史本傳）

朱放詩一卷（唐書藝文志）

吳筠集十卷（唐書藝文志）

宋元集三卷附錄元綱論一卷內丹九章經一卷（乾隆四庫書目唐吳筠撰）

秦系詩一卷（唐書藝文志）

玄英集八卷（乾隆四庫書目唐方干撰）

僧靈澈詩一卷（文獻通考字元澄越州人劉夢得序　按唐書藝文志作十卷輿地紀勝作二十七卷俞志作三十

卷

僧靈澈酬唱集十卷唐書藝文志

雪溪集五卷乾隆四庫書目宋王銍撰其詩大致近溫李在南宋初年爲別調

文苑英華鈔宋高似孫輯

疏寮小集一卷乾隆四庫書目宋高似孫撰

江村遺稿十二卷宋高似孫撰

文選句圖一卷宋高似孫撰

晦溪餘力稿府志宋單庚金著

姚舜明詩文十卷萬歷府志

補楚辭一卷萬歷府志宋姚舜明著

西溪居士集書錄解題宋姚寬撰會稽續志云十卷

西溪樂府一卷書錄解題宋姚寬撰

石窗集張志宋許薦著

雪後餘清飯牛茗味歸來幽莊等集府志宋吳大有著

雪篷稿一卷名賢小集宋姚鏞著

許子文集張志宋許瑾著

曲溪集張志宋商又新著

東岡集禮庭遺稿萬歷志元許汝霖著

紀蹟錄萬歷府志元張綸撰

休休吟張志元張綸撰

劉溪吟府志元王原暐著

玉軒集宏治府志元王瓛撰

宣城稿府志明王濾著

雷山牧子吟明王濾著

林泉稿乾隆李志明王蘭撰

丹泉詩稿乾隆李志明袁榜撰

牧謙文集府志明史原信撰

越山鍾秀集府志明求漁輯

蘭室遺稿府志明求漁著

蘭陵稿府志明求澧著

千齋稿府志明王鈍著

雅音合編張志明王鈍著

巽齋稿府志明張世軒著

羅湖集乾隆李志明吳公義著

讀杜愚得十八卷百川書志明單復亨著

年譜詩史目錄一卷百川書志明單復亨著

西溪集十五卷萬歷府志明張胃著

駷軒集萬歷府志明張燦著府志作駷齋

擬離騷二十篇周志明張燦著

扶搖集府志明錢濟著

安齋集於越新編明周山著

寓陵集府志明王輔著

澹齋稿李府志明楊浩著

頤安集萬歷嵊縣志明錢紱著

古齋稿府志明錢悌著

菊莊集萬歷嵊縣志明周泰著

東瀛集黃氏書目明陳珂著

九溪吟稿黃氏書目明陳珂著

古愚集 府志明周嶧著

坦安集 萬歷府志明胡淮著

崑源藏稿 府志明邢德健撰

碧虛文集 張志明周晟著

白山吟稿 張志明張邦信著

學畊軒稿 張志明周維翰著

奚適吟 張志明吳中穎著

拙拙集 府志明王應昌著

居彝雜集 乾隆李志明王應昌著

海門先生集十二卷 浙江采集遺書錄明周汝登撰

養初稿 府志明喻安性著

朗瑩齋詩 張志明周孕淳著

衡門文集乾隆李志明王三台著

正學堂詩徵張志明王三台著

山居吟浙江通志明鄭化麟著

南北游詩集浙江通志明鄭化麟著

王心純詩文一卷浙江通志

守菴集明袁祖憲著

游梁草乾隆李志明周光復著

棠溪集張志明吳應芳著

凱廬吟張志明金之聲著

自修篇張志明喻安性著

莅關集浙江通志明王禹佐著

勿齋集乾隆李志明王國楨撰

剡中詩文集乾隆李志明王國楨撰
天洩觳吟浙江通志明袁祖憲著
蟋蟀吟乾隆李志明丁彥伯撰
五達書乾隆李志趙汝諍撰
敬齋吟稿明錢善祥著
希召文集明錢思棠著
廣平子日集廬吟汗漫遊張志清徐一鳴著
漁溪集乾隆李志清李茂先著
李文驥文集乾隆李志清李茂先著俞公穀序
頤山詩稿府志清商洵美撰
大垣眞稿四卷同治志清高克藩著
剡溪詩鈔兩浙輶軒錄清商元伯撰

渭川存稿 府志清商璜撰

桂巖詩集 道光李志清應朝昌著

小山叢桂集 兩浙輶軒錄清商盤撰

質園集 皇朝文獻通考清商盤撰

越風三十卷 府志清商盤撰

畫圖山房詩鈔 兩浙輶軒錄清商書著

青圖詩鈔 兩浙輶軒錄清商元東著

東麓詩文集 道光李志清葉方炎著

錄野集 道光李志清裘式玉著

涵眞集 道光李志清吳桂先著

寐語集 道光李志清吳桂先著

紅杏山房詩鈔 道光李志清葉封唐著

管言道光李志清張月鹿著

秋村詩鈔兩浙輶軒錄清袁夢化著

寐餘集道光李志清史載筆著

雜著類鈔道光李志清吳啓虬著

蝶園詩鈔道光李志清吳金聲著

未能軒文集道光李志清張基臺著

西塘詩稿道光李志清邢司直著

歷試小草同治志清周大用著

聽秋山房稿十二卷同治志清喻道鈞著

此君軒吟草一卷同治志清喻道鈞著

滋蘭詩鈔　卷同治志清王景程著

居官偶鈔一卷同治志清王景章著

冰漁集同治志清周孝基著

南榮詩草四卷同治志清施燮著

剡詩所見集十六卷同治志清錢鎔撰

澹如山房詩稿十卷同治志清馬紹光著

越中名勝詩四卷同治志清施彰著

蔬筍齋集十八卷同治志清施彰著

蓼中吟一卷同治志清鄭心水著

夢香草四卷同治志清魏蘭汀著

夢香存稿二卷同治志清魏蘭汀著

平格堂詩鈔新纂清鄭文蘭著

碧雲書屋集新纂清宋文華著

香稻山賸詩新纂清呂鏞著

思補軒集新纂清邢復旦著

草蟲吟新纂清錢鎔著

滴翠軒詩十卷新纂清女士陳蘭君著

靜觀室鈔新纂清王紹祥著

海菴吟草新纂清王恩溥著

寸心知齋吟稿新纂清錢守初著

刧餘集新纂清商炳文著

石樵詩稿新纂清周誥著

詩學一隅新纂清喻坤著

穀詒堂詩存新纂清錢壥著

桐花吟館詩存新纂清周紀勳著

寄廬詩稿二卷新纂清裘曼星著

抱膝吟廬詩文集新纂清孫瑞文著

借廬詩存新纂清周錫璜著

嵊縣志卷二十三終

嵊縣志卷二十四

藝文志

賦　疏　序　碑
墓志　記　雜著　詩

夫藝文者載籍之菁華山川者神明之奧府恢萬里而無斁通億載而爲津者其惟文翰乎剡中名勝秀絕人寰江左風流去人未遠乾坤清氣往往鍾爲人物而發爲文章然採春華而忘秋實於史例固無當也舊志所載或徵文考獻存一邑之典型或範水模山寫剡溪之風月凡剡中之山川人物風土人情俾後之覽者展卷而得之其有裨於掌故者甚鉅不獨攄懷舊之蓄念發思古之幽情而已易曰脩辭立其誠又曰多識前言往行以畜其德是編所載義取於斯而舊志之所甄錄者珍惜叢殘不敢以意爲去取也作藝文志

賦

山居賦并序　附清丁謙補註　　宋謝靈運

宋書本傳謝靈運父祖並葬始寧縣并有故宅及墅遂移籍會稽脩營別業傍山帶江盡幽居之美與隱士王弘之孔醇之等縱放爲娛有終焉之志每有一詩至都邑貴賤莫不競寫宿昔之間士庶皆偏遠近欽慕名動京師作山居賦并自注以言其事曰

古巢居穴處曰巖棲棟宇居山曰山居在林野曰邱園在郊郭曰城傍四者不同可以理推言心也黄屋實不殊於汾陽卽事也山居良有異乎市廛抱疾就閑順從性情敢率所樂而以作賦揚子雲云詩人之賦麗以則文體宜兼以成其美今所賦既非京都宮觀遊獵聲色之盛而敍山野草木水石穀稼之事才乏昔人心放俗外詠於文則可勉而就之求麗邈以遠矣覽者廢張左之豔辭

尋臺皓之深意去飾取素儻值其心耳意實言表而書不盡遺迹索意託之有賞其辭曰

謝子臥疾山頂覽古人遺書與其意合悠然而笑曰夫道可重故物爲輕理宜存故事斯忘古今不能革質文咸其常合宮非縉雲之館衢室豈放勛之堂邁深心於鼎湖送高情於汾陽嗟文成之卻粒願追松以遠遊嘉陶朱之鼓棹迺語種以免憂判身名之有辨權榮素其無留孰如牽犬之路既寡聽鶴之塗何由哉

理以相得爲適古人遺書與其意合所以爲笑孫權亦謂周瑜公瑾與孤意合夫能重道則輕物存理則忘事古今質文可謂不同而此處不異縉雲放勛不以天居爲所樂故合宮衢室皆非淹留鼎湖汾陽乃是所居文成張良卻粒棄人間事從赤松子遊陶朱范蠡臨去之際亦語文鍾云云謂二賢既權榮素故

身名有判也牽犬李斯之歎聽鶴陸機領成都衆大敗後云思聞華亭鶴唳不可復得

若夫巢穴以風露貽患則大壯以棟宇祛弊宮室以瑤璇致美則白賁以邱園殊世惟上託於巖壑幸兼善而罔滯雖非市朝而寒暑均和雖是築構而飭朴兩逝

易云上古穴居野處後世聖人易之以宮室上棟下宇以蔽風雨蓋取諸大壯璇堂自是素故曰白賁最是上爻也此堂世異矣謂巖壑道深於邱園而不爲巢穴斯免得暑寒之適雖是築構無妨非朝市云云段中多訛脫字

昔仲長願言流水高山應璩作書邙阜洛川勢有偏側地闕周員銅陵之奧卓氏充鉱槐之端金谷之麗石子致音徽之觀徒形域之薈蔚惜事異於栖盤至若鳳叢二臺雲夢青丘漳渠淇園橘林

長洲雖千乘之珍苑孰嘉遯之所遊且山川之未備亦何議於兼求

仲長子云欲使居有良田廣宅在高山流水之畔溝池自環竹樹周布場圃在前果園在後應璩與程文信書云故有遺田在關之西南臨洛水北據邙山託崇岫以爲宅因茂林以爲蔭謂二家山居不得周員之美楊雄蜀都賦云銅陵衍卓王孫採山鑄銅故漢書貨殖傳云卓氏之臨邛公擅山川楊雄方言梁益之間裁木爲器曰鉱裂帛爲衣曰襬金谷石季倫之别廬在河南界有山川林木池沼水碓其鎮下邳時過遊賦詩一代盛集謂二地雖珍麗然制作非栖盤之意也鳳臺秦穆公時秦女所居以致簫史叢臺趙之崇館張衡謂趙築叢臺於前楚建章華於後楚之雲夢大中□居長飲賦楚靈王遊雲夢之中息於荆

臺之上前方淮之水左洞庭之波右顧彭蠡之濤南望巫山之阿遂造章華之臺亦見諸史淮南青丘齊之海外皆獵所司馬相如云秋田乎青丘彷徨乎海外漳渠史起爲魏文侯所造溉水之所淇園衛之竹園在淇水之澳詩人所載橘林蜀之園林楊子雲蜀都賦亦云橘林左太沖謂戶有橘柚之園長洲吳之苑囿左亦謂長洲之茂苑因江海洲渚以爲苑囿□□□□□□□□故□表此園之珍靜珍靜字不可通疑亦有訛脫千乘讌嬉之所非幽人憩止之鄉且山川亦不能兼茂隨地勢所遇耳

覽明達之撫運乘機緘而理默指歲暮而歸休詠宏徽於刋勒狹三閭之喪江矜望諸之去國選自然之神麗盡高棲之意得

余祖車騎建大功淮肥江左得免橫流之禍後及太傅旣薨建圖已輟於是便求解駕東歸以避君側之亂廢興隱顯當是賢

達之心故選神麗之所以申高棲之志經始山川實基於此
仰前哲之遺訓俯性情之所便奉微軀以宴息保自事以乘閑愧
班生之夙悟慙尙子之晚研年與疾而偕來志乘拙而俱旋謝平
生於知遊棲淸曠於山川

謂經始此山遺訓於後也性情各有所便山居是其宜也易云
向晦入宴息莊周云自事其心此二是其所處班固本不染世
故曰夙悟尙平未能去累故曰晚研想遲二人便以年衰疾至
志寡求拙曰事曰事下數字文義亦不可通當有訛脫幷可山居曰與知遊別故
曰謝平生就山川故曰棲淸曠

其居也左湖右江往渚還汀面山背阜東阻西傾抱含吸吐款跨
紆縈綿聯邪亘側直齊平

枚乘曰左江右湖其樂無有此吳客說楚公子之詞當爲江都

之野彼雖有江湖而乏山巖此憶江湖左右與之同而山嶽形勢他域所無也往渚還汀謂四面有水面山背阜亦謂東西有山便是四水之裏也抱含吸吐謂中央復有川欵跨紆縈謂邊背相連帶迂回處謂之邪亘平正處謂之側直

丁謙補註綜覈全賦知其地在今上虞縣東南鄉謝公嶺下距下管市不遠湖見下近東節江指剡江襟帶其西故曰左湖右江居後岡阜與餘姚大嵐山連接不通大路故曰東阻鄰近諸水俱下注於剡江故曰西傾

近東則上田下湖西谿南谷石埭石滂閔硎黃竹決飛泉於百仞森高薄於千麓寫長源於遠江派深毖於近瀆

上田在下湖之水口名爲田口下湖在田之下下處並有名山川西谿南谷分流谷鄣水映入田口西谿水出始寧縣西谷鄣

是近山之最高峯西谿便是鄮之背入西谿之裏得石椽以石爲阻故謂爲碌石滂在西谿之東從縣南入九里兩面峻峭數十丈水是上飛下比至外谿封磴十數里皆飛流迅激左右巖壁黃竹閔磵在石滂之東谿逶迤下注良田黃竹與之連南界莆中也

丁謙補註正東方面並山嶺重疊故前段已明言東阻此云近東實指東北一帶其地山峽迫隘惟下管市附近頗有平壤謝氏置田當在其處惟田下之湖遺跡今已湮沒然湖在當日蓋由築隄阻遏溪水而成用資灌溉與車騎故宅之太康湖同西谿南谷皆上游水名南谷水出餘姚界之龍堂山北流折西與西谿水合此水南由黑龍潭來即龍堂山西麓所謂西谷鄮也原注謂西谿是鄮之背知南谷水源在其東南二水合處今有

村名舊閘原注云以石爲阻故謂之碌是也石滂閔硎黄竹等地名均在今虹橋村迤北至石壁嶺諸處其間兩面崇山溪流迅捷與賦中情形恰合蕭與浦同浦中卽上田所在

又按自東漢順帝永建四年析上虞縣南鄉及剡縣北鄉别置始寧縣以現屬嵊縣之三界鎮爲治所嗣因屢經水患於東晉初移治江之東岸余嘗稽之志乘詢之土人均不知所在茲觀賦註有從縣南入九里語核其方向似當時始寧縣治卽在下管市地水經注小江逕縣下西流謂經縣治之下折而西流亦一確證

近南則會以雙流縈以三洲表裏回游離合山川崿崩飛於東峭槃傍薄於西阡拂青林而激波揮白沙而生漣

雙流謂剡江及小江此二水同會於山南便合流注下三洲在

二水之口排沙積岸成此洲漲表裏合是其貌狀也嶀者謂回江岑在山居之南界有石跳出將崩江中行者莫不駭慄槃者是縣故治之所在江之西岸用槃石竟渚並帶青林而連白沙也

丁謙補註剡江卽嵊縣江此小江係指嵊溪故與剡江會合於山南也賦注稱小江者二皆與今稱小舜江爲小江者矣非詳核其地位不辨此與剡江合於山南故確知其卽嵊溪若下節注中小江在山居之西是言黑龍潭溪之下游無疑至近世以之目小舜江則在會稽縣境且其水東北流與前二水西流者迥別余初讀此賦因未能分析誤以小舜江當之致歷考諸地無一脗合今始渙然冰釋矣蓋當時剡江兩旁流入之水皆無正名遂概以小江稱之三洲在二水之口今已併合爲一卽花

山迤北之大沙灘也崿者崖也崩飛狀其峻險當指馬塽村東之牛頭山剡江直北流爲山所阻折而西行又迤而東北故曰回江岑而於謝公山居正爲南界槃義同磐始寧故治在西岸三界鎮地因防水患沿江砌石以鞏隄磡故名爲槃治西依倚小山林木葱鬱故曰帶白沙灘在治東南二里許故曰連

近西則楊賓接峯唐皇連縱室壁帶溪曾孤臨江竹緣浦以被緑石照澗而映紅月隱山而成陰木鳴柯以起風

楊中元賓並小江之近處與山相接也唐皇便從北出室石室在小江口南岸壁小江北岸並在楊中之下壁高四十丈色赤故曰照澗而映紅曾山之西孤山之南王子所經始並臨江皆被以緑竹山高月隱便謂爲陰鳥集柯鳴便謂爲風也

丁謙補註此指山居西面隔江之地楊中元賓及唐皇以注語

推之似皆當時村落地名楊賓二處傍水依山故云接峯唐皇居其東南若追蹤然均在今龍角山北雙溪嶺下石室者巖石下覆如屋形當在嶺北水濱石壁則立於對岸橋閘山下中間今有雙溪橋可通兩岸正當楊中村下又嶺東隔溪與月山對峙小江上游諸水南來從峽中出始折而西故稱小江之口以下方有南北岸之分曾山今曰東家山孤山今曰姜山二山均濱剡江王子者王弘之也宋書本傳言始寧汰川有佳山水弘之依巖築室謝靈運顏延之並相欽重以賦注證之其築室隱居地當在今章家埠鎮南東家山西麓其地當時蓋名汰川也

近北則二巫結湖兩習通沼橫石判盡休周分表引脩隄之逶迤吐泉流之浩溔山磯下而回澤瀨石上而開道

大小巫湖中隔一山外習周回在圻而北邊浦出江並是美處

義熙中王穆之居大巫湖經始處所猶在兩㽝皆長溪外㽝出山之後四五里許裹㽝亦隔一山出新𡍼橫山野舍之北面常石野舍之西北巫湖舊唐故曰修隄長溪甚遠故曰泉流常石巘故曰山巘下而回瀑裹㽝漫石數里水從上過故曰瀨石上而開道休山東北周里山在休之南並是北邊

丁謙補註巫湖名稱今已無聞惟剡江東濱六鼎山南有一水澤橫約五里縱則里許西窄而東寬俗名瀦湖湖之北相距五六里別有一瀦湖村其處今雖無水疑古時亦爲湖地輿注言大小巫湖中隔一山情形亦合外㽝今白龍潭溪裹㽝今浮山溪因其上游均在近西界内故但曰長溪不復詳敍外㽝出山卽在浦邊故入剡江近裹㽝在其東四五里許中亦隔一老鷹山𡍼爲隄閘新𡍼卽今稱大閘頭者是裹㽝出𡍼後卽合小江

東北流會外習入剡江然賦云通沼知當曰巫湖頗大南與小江祇一堤之隔直至剡江東岸故靈運有南山往北山經湖中詩文選注謂從巫湖中過也橫山當指虎爪山常石即鮎魚山判字無解似刋字之譌言盡刋二地叢木以爲村居野舍者佃夫漁戶棲息之處謂兩習西流之江必經虎爪山北及鮎魚山西北二處之野舍也唐與塘通蓋巫湖之南亘以長隄分湖河以便往來常石山小插江如磯故小江所出之水回薄成瀾虎爪山東石骨伸入裏習溪內故水從石面而行休山今盤龍山一帶東西山脈復迤邐而南至麒麟山止即賦注之周里山以當時始寧置縣北境最狹休周二山皆與上虞接界故曰分表

又曰皆是北邊也

遠東則天台桐柏方石太平二韭四明五奧三菁表神異於緯牒

驗感應於慶靈凌石橋之苺苔越楢溪之紆縈

天台桐柏七縣餘地南帶海二非四明五奧皆相連接奇地所無高於五嶽便是海中三山之流非以菜爲名四明方石四面自然開窗也五奧者曇濟道人蔡氏郗氏謝氏陳氏各有一奧皆相掎角並是奇地三菁太平之北太平天台之始方石直上萬丈下有長谿亦是縉雲之流云此諸山並見圖緯神仙所居往來要徑石橋過楢溪人跡之艱不復過此也

丁謙補註天台桐柏二山今均在天台縣北七縣餘地考晉地理志會稽郡轄八縣宋志則轄十縣七乃十字之訛南非北非二山在象山縣東北海中四明山開面於嵊縣東全體甚大蟠鬱於奉化鄞縣餘姚上虞等境方石四面自然開窗蓋因四明山有石窗之名勝遂衍其説以擬四明形狀而不知臆撰無據

也五奧以注言曇濟及蔡郗謝陳各有一奧推之其地均在嵊縣東北境曇濟宋僧見高僧傳蔡系字子叔郗超字景興與車騎將軍元均載嵊志寓賢傳惟陳氏未詳曇郗謝居地詳見於後餘雖難考其相距不遠可知蓋是閒山脈每分一支卽稱一墺至今尚有張墺葉墺木墺大墺等名可想見其崖略太平山在太平縣東三菁云在山北今亦未詳縉雲山在處州北顧野王玉篇言永康縉雲山是三天子都亦山之著名者故引以爲比石橋卽天台山石梁橋楢谿在寧海縣西南

又按此節多雜湊成文初無倫敍不特天台桐柏等方位不符如二韭乃海中小島四明並非方石石窗亦不過四明一小景余曾遊之乃岡阜之上露石骨數丈有裂縫如四字形故名爲窗中間空處僅類土屋半楹了無奇特乃或云高於五嶽或云

直上萬丈荒誕甚矣至於天台四明不相接石橋楢谿不相通猶其小疵而已

遠南則松箴棲雞唐嵫漫石嶀嵊對嶺葩孟分隔入極浦而邅回迷不知其所適上嶔崎而蒙籠下深沉而澆激

棲雞在保口之上別浦入其中周回甚深四山之裏松箴在棲雞之上緣江唐嵫入太平水路上有瀑布數百丈漫石在唐嵫下郗景興經始精舍亦是名山之流嶀嵊與分界去山八十里故曰遠南前嶺鳥道正當五十里高左右所無就下地形高乃當不稱遠望葩山甚奇謂白爍尖者最高下有良田王敬弘經始精舍曇濟道人住孟山名曰孟埭芋薯之疁田清溪秀竹迴開巨石有趣之極此中多諸浦澗傍依茂林迷不知所通嶔崎深沉處處皆然不但一處

丁謙補註此節初閱不知所言何處及細按之卽嵊溪之流域也嵊溪俗稱羊角溪有二源南源名曰嵊溪北源卽賦注之太平水均西流至橋石村而合保口者指東入剡江處也口內浦地屈曲深遠亘數十里故曰邅回樓雞在保口上當爲今閘水村地松箴又在其上當在葉奥村地唐嶴在太平水旁當在禹山仁村地瀑布瀑石皆在村之東南惟瀑高袛數丈漫石則溪底有石平鋪約百餘步然則郗氏故居爲仁村地無疑嶀嵊二山當時分隸兩邑蓋嶀屬始寧嵊屬剡縣中間以江水爲界水經注言嶀嵊二山雖曰異縣峯嶺相連實誤會賦中對嶺語不知其中尙隔一江也嵊溪內地距其山居以坦道言八十里恰合若溯太平水源踰插柴嶺經盧田村至山居袛四五十里而已卽注所謂鳥道也就下地形高二句言平地遠望不稱其高

其實云五十里本屬太過艴山白爍尖今曰覆卮山爲剡溪諸山之主峯其西南之前岡村頗有良田似王敬宏所居卽在其處僧曇濟住孟山爲上節五奧之一賦云與艴分隔蓋處覆卮以南第不能確指何地耳

遠西則缺四十四字

遠北則長江永歸巨海延納崑漲緬曠島嶼絪沓山縱横以布護水迴沉而縈浥信荒極之綿邈究風波之睽合

江從山北流窮上虞界謂之三江口便是大海老子謂海爲百谷王以其善處下也海人謂孤山爲崑薄州有山謂之島嶼卽洲也漲者沙始起將欲成嶼沙横無常於一處迴沉相縈擾也大荒東極故爲荒極風波不恆爲睽合也

丁謙補註三江口地屬會稽爲山會蕭諸水出口處與上虞北

界歷海所城相對水既出口卽合曹娥江東北流入錢塘江又東二百餘里方歸大海註謂口外便是大海非也蓋錢唐江岸愈東行相距愈遠入海處寬至三百里古人但以目驗遂目錢唐下游爲海耳

徒觀其南術之□□□□生巑□□成衍緣岸測深相渚知淺洪濤滿則曾石沒清瀾減則沉沙顯及風興濤作水勢奔壯于歲春秋在月朔望湯湯驚波滔滔駭浪電激雷崩飛流灑漾凌絕壁而起岑橫中流而連薄始迅轉而騰天終倒底而見壑此楚貳心醉於吳客河靈懷慙於海若

南術是其臨江舊宅門前對江三轉曾山路窮四江對岸西面常石此二山之間西南角岸孤山此二山皆是狹處故曰生巑勇門以南上便大閭故曰成衍岸高測深渚下知淺也江中有

孤石沉沙隨水增減春秋朔望是其盛時故枚乘云楚太子有疾吳客問之舉秋濤之美得以瘳病太子國之儲貳故曰楚貳河靈河伯居河所謂河靈慚於海若事見莊周秋水篇丁謙補註南衕地名康樂昔曾築室於此就注中情形核之當在今章鎮東北鮎魚山東近剡江處與近北節注所謂常石野舍相隣接三轉者江自三界以下折而東直北經其宅又析而西路窮者南至東家山皆有水阻不能直達也四江謂剡江小江及外習裏習皆在所居之南曾山孤山臨江一帶地甚逼窄故曰狹處勇於當指東家山盡處其南今稱十里灣頭原田廣闊故曰成衍

爾其舊居曩宅今園粉槿尙援基井具存曲術周平前後直陌矗其東西豈伊臨溪而傍沼廼抱阜而帶山考封域之靈異實茲境

之最然葺駢梁於巖麓棲孤棟於江源敞南戶以對遠嶺闢東窗以瞻近田田連岡而盈疇嶺枕水而通阡

葺室在宅裏山之東麓東窗謂矚田兼見江山之美三間故謂之駢梁門前一棟枕巇上在江之嶺南對江上遠嶺此二館屬望殆無優劣也

丁謙補註此節由舊宅而及新居知今所稱謝公嶺即當時之宅裏山上三間謂其主屋中室與左右相連若兩驂齊駕故曰駢前開門處別構一屋當在謝公嶺西南臨江地故曰巇上二館言新舊二宅均對江山遠嶺眺望之佳無上下也

阡陌縱橫塍埒交經導渠引流脈散溝井蔚蔚豐秋苾苾香秔送夏蚤秀迎秋晚成兼有陵陸麻麥粟菽候時覘節遞藝遞孰供粒食與漿飲謝工商與衡牧生何待於多資理取足於滿腹

許由云偃鼠飲河不過滿腹謂人生食足則歡有餘何待多須邪工商衡牧似多須者若少私寡欲充命則足但非田無以立耳

自園之田自田之湖泛濫川上緬邈水區濬潭澗而窈窕除菰洲之紆餘毖溫泉於春流馳寒波而秋徂風生巨於蘭渚日倒景於椒塗飛漸榭於中沚取水月之歡娛旦延陰而物清夕棲芬而氣敷顧情交之永絕覬雲客之暫如

此皆湖中之美但患言不盡意萬不寫一耳諸澗出源入湖故曰濬潭澗深長是以窈窕除菰以作洲言所以紆餘也

丁謙補註此湖卽近東節田下之湖宋史本傳謂康樂鑿山濬湖工役無已益可證此及後太康湖皆人力所成故今並淤廢無跡

水草則萍藻薀荶萑蒲芹蓀蒹菰蘋蘩葹荇菱蓮雖備物之偕美獨扶渠之華鮮播綠葉之鬱茂含紅敷之繽翻怨清香之難留矜盛容之易闌必充給而後搴豈蕙草之空殘卷斂弦之逸曲感江南之哀歎秦箏倡而溯游往唐上奏而舊愛還

搴出離騷斂弦是采菱歌江南是相和曲云江南采蓮秦箏倡蒹葭篇唐上奏蒲生詩皆感物致賦魚藻蘋蘩荇亦有詩人之詠不復具敘

本草所載山澤不一靁桐是別和緩是悉參核六根五華九實二冬並稱而殊性三建異形而同出水香送秋而擢蒨林蘭近雪而揚猗卷柏萬代而不殞伏苓千歲而方知映紅葩於綠蔕茂素蕤於紫枝既住年而增靈亦驅妖而斥疵

本草所出藥處於今不復依隨土所生耳此境出藥甚多靁公

桐君古之采藥醫緩古之良工故曰别悉參核者雙核桃杏仁也六根者芍七根五茄根葛根野葛根□根也五華者堇華芫華樧華菊華旋覆華也九實者連前實槐實柏實兎絲實女貞實蛇床實蔓荊實蓼實□實也二冬者天門麥門冬三建者附子天雄烏頭水香蘭草林蘭支子卷柏伏苓並皆仙物凡此衆藥事悉見於神農

其竹則二箭殊葉四苦齊味水石别谷巨細各彙既脩竦而便娟亦蕭森而蓊蔚露夕沾而悽陰風朝振而氣清捎雲雲以拂杪臨碧潭而挺翠蔑上林與淇澳驗東南之所遺企山陽之游踐遲鸞鷖之棲託憶崑園之悲調按初學記二十八踐作餞鷖作鷟憶作噫慨伶倫之哀籥孀女行而思歸詠楚客放而防露作

二箭一者苦箭大葉一者笄箭細葉四苦青苦白苦紫苦黄苦

水竹依水生甚細密吳中以爲宅援石竹本科叢大以充屋榱巨者竿挺之屬細者無箐之流也修竦便娟蕭森蓊蔚皆竹貌也上林關中之禁苑淇澳衛地之竹園方此皆不如東南會稽之竹箭唯此地最富焉山陽竹林之游鸞鷺棲食之所崑山之竹任爲笛黃帝時伶倫斬其厚均者吹之爲黃鍾之宮衛女思歸作竹竿之詩楚人放逐東方朔感江潭而作七諫

其木則松柏檀櫟□□桐榆檿柘穀棟楸梓檉樗剛柔性異貞脆質殊卑高沃塉各隨所如榦合抱以隱岑杪千仞而排虛凌岡上而喬竦蔭澗下而扶疏沿長谷以傾柯攢積石以插衢華映水而增光氣結風而回敷當嚴勁而葱蒨承和煦而芬腴送墮葉於秋晏遲含萼於春初

皆木之類選其美者載之山脊曰岡岡上澗下長谷積石各隨

其方離騷云青春受謝白日昭只詩云鄂不韡韡也

植物既載動類亦繁飛詠騁透無可根源觀貌相音備列山川寒燠順節隨宜匪敦

草木竹植物魚鳥獸動物獸有數種有騰者有走者走者騁騰者透謂種類既繁不可根源但觀其貌狀相其音聲則知山川之好與節隨宜自然之數非可敦戒也

魚則鰋鱧鮒鱮鱒鯇鰱鯿魴鮪魦鱖鱛鯉鯔鱣䲜采雜色錦爛雲鮮唼藻戲浪汎苻流淵或鼓鰓而湍躍或掉尾而波旋鱸鮆乘時以入浦鱵鰷沿瀨以出泉

鰋音偃鱧音禮鮒音附鱮音敘鱒音寸袞反鯇音晥鰱音連鯿音毖仙反魴音房鮪音洧魦音沙鱖音居綴反鱛音上羊反鯔音比之反鱣音竹仚反皆說文字林音詩云錦衾有爛故云錦

爛鱸鯊乘時魚鰄音感鱘音迅皆出溪中石上恆以爲翫
鳥則鵾鴻鶂鵠鶖鷺鴇鶬雞鶴繡質鵻鸐綬章晨凫朝集時鷮山
梁海鳥違風朔禽避涼荑生歸北霜降客南接響雲漢侶宿江潭
聆清哇以下聽載王子而上參薄回涉以弁翰映明鎣而自耽
鵾音昆鴻音洪鶂音溢左傳云六鶂退飛其字如此鵠音下竺
反鶖音秋鷺音路鴇音保鶬音相唐公之馬與此鳥色同故謂
爲鶬雞鶴鵻鸐見張茂先博物志鸐音翟亦雉之美者此四鳥
並美采質凫音符野鴨也常待晨而飛鷮音巳消反長尾雉也
論語云山梁雌雉時哉時哉海鳥援居臧文仲不知其鳥以爲
神也事見左傳朔禽雁也寒月轉往衡陽禮記霜始降雁來賓
歲莫云雁北向政是陽初生時荑生歸北霜降客南山雞映水
自翫其羽儀者

山上則猨⿰犭軍狸貛犴獌猰猛山下則熊羆豺虎豲鹿麕麖擲飛枝於窮崖踔空絕於深磵蹲谷底而長嘯攀木杪而哀鳴

猨音袁⿰犭軍音魂狸音力之反貛音火丸反犴音五懸反獌音曼似貛而長狼之屬一曰貙猰音安黠反猛音弋生反貍之黃黑者一曰似⿰犭分豺音在皆反豲音元野羊大角麕音鬼珢反麖音京能踔擲虎長嘯猨哀鳴鳴聲可翫

緡綸不投罝羅不披磻弋靡用蹄筌誰施鑑虎狼之有仁傷遂欲之無崖顧弱齡而涉道悟好生之咸宜率所有以及物諒不遠之在斯撫鷗鯈而悅豫杜機心於林池

八種皆是魚獵之具自少不殺至乎白首故在山中而此歡永廢莊周云虎狼仁獸豈不父子相親世云虎狼暴虐者政以其如禽獸而人物不自悟其毒害而言虎狼可疾之甚苟其遂欲

豈復崖限自弱齡奉法故得免殺生之事若此悟萬物好生之理易云不遠復無祇悔庶乘此得以入道莊周云海人有機心鷗鳥舞而不下今無害彼之心各悅豫於林池也

敬承聖誥恭窺前經山野昭曠聚落羶腥故大慈之弘誓拯羣物之淪傾豈寓地而空言必有貸以善成欽鹿野之華苑羨靈鷲之名山企堅固之貞林希菴羅之芳園雖粹容之緬邈謂哀音之恆存建招提於幽峯冀振錫之息肩庶鐙王之贈席想香積之惠餐事在微而思通理非絕而可溫

賈誼弔屈云恭承嘉惠敬承亦此之流聚落是墟邑謂歌哭諍訟有諸諠譁不及山野爲僧居止也經教欲令在山中皆有成文老子云善貸且善成此道惠物也鹿苑說四眞諦處靈鷲山說般若法華處堅固林說泥洹處菴羅園說不思議處今旁林

藝園制苑彷佛在昔依然託想雖粹容緬邈哀音若存也招提謂僧不能常住者可持作坐處也所謂息肩鐙王香積事出維摩經論語云溫故知新理既不絕更宜復溫則可恃爲已之日用也

爰初經畧杖策孤征入澗水涉登嶺山行陵頂不息窮泉不停櫛風沐雨犯露乘星硏其淺思罄其短規非龜非筮擇良選奇翦榛開逕尋石覓崖四山周圍雙流逶迤面南嶺建經臺倚北阜築講堂傍危峯立禪室臨浚流列僧房對百年之喬木納萬代之芬芳抱終古之泉源美膏液之清長謝麗塔於郊郭殊世間於城傍欣見素以抱樸果甘露於道場

云初經略躬自履行備諸辛苦也罄其淺短無假於龜筮貧者既不以麗爲美所以卽安茅茨而已是以謝郊郭而殊城傍然

清虛寂寞實是得道之所也

苦節之僧明發懷抱事絕人徒心通世表是遊是憩倚石構草寒暑有移至業莫矯觀三世以其夢撫六度以取道乘恬知以寂泊含和理之窈窕指東山以冥期實西方之潛兆雖一日以千載猶恨相遇之不早

謂曇降法流二法師也二公辭恩愛棄妻子輕舉入山外緣都絕魚肉不入口糞掃必在體物見之絕歎而法師處之夷然詩人明發不勝造道者其亦如此往石門瀑布中路高棲之游昔告離之始期生東山沒存西方相遇之欣實以一日爲千載猶慨恨不早

賤物重已棄世希靈駭彼促年愛是長生冀浮丘之誘接望安期之招迎甘松桂之苦味夷皮褐以頽形羨蟬蛻之匪日撫雲蜺其

若鷲陵名山而屢憇過巖室而披情雖未階於至道且緬絕於世纓指松菌而興言艮未齊於殤彭

此一章敘仙學者雖未及佛道之高然出於世表矣浮丘公是王子喬師安期先生是馬明生師二事出列仙傳洞眞經云今學仙者亦明師以自發悟故不辭苦味顏形也莊周云和以天倪倪者崖也數經歷名山遇余巖室披露其情性且獲長生方之松菌殤彭邈然有間也

山作水役不以一牧資待各徒隨節競逐陟嶺刊木除榛伐竹抽筍自篁擿箭于谷楊勝所拮秋冬薀穫野有蔓草獵陟蘡薁亦醞山清介爾景福苦以朮成甘以擂熟慕椹高林剝芨巖椒掘蒨陽崖擿櫧陰摽晝見搴茅宵見索綯芟菰翦蒲以薦爲茭既坭既埏品收不一其灰其炭咸各有律六月採蜜八月撲栗備物爲繁略

載靡悉

此一章謂是山作及水役採拾諸事也然漁獵之事皆不載楊楊桃也山間謂之木子藟音覆字出字林詩人云六月食鬱及薁獵涉字出爾雅朮朮酒味苦播播酒味甘並至美兼以療病播治癰核朮治痰冷椹音甚味似菰菜而勝刋木而作之謂之慕茇音及採以爲紙蘦音倩採以爲溗櫛音尠採以爲飲採蜜

樸栗各隨其月也

若乃南北兩居水通陸阻觀風瞻雲方知厥所

兩居謂南北兩處各有居止峯崿阻絶水道通耳觀風瞻雲然後方知其處所

南山則夾渠二田周嶺三苑九泉別澗五谷異巘𡺙峯參差出其間連岫複陸成其坂衆流溉灌以環近諸堤擁抑以接遠遠堤兼

陌近流開湍淩阜泛波水往步還還回往帀柢渚貝巒呈美表趣胡可勝單抗北頂以葺館殿南峯以啓軒羅曾崖於戶裏列清瀾於窗前因丹霞以赬楣附碧雲以翠椽視奔星之附馳顧□□之未牽鵾鴻翻翥而莫及何但鶩雀之翩翾氿泉傍出潺湲於東檐桀壁對跱硿礲於西霤修竹葳蕤以翳薈灌木森沉以蒙茂蘿蔓延以攀援花芬薰而娟秀日月投光於柯間風露披清於嵎岫夏涼冬燠隨時取適階基回互橑櫺乖隔此焉卜寢翫水弄石邇卽回眺終歲罔斁傷美物之遂化怨浮齡之如借眇遯逸於人羣長寄心於雲霓

南山是開創卜居之處也從江樓步路跨越山嶺綿亘田野或升或降當三里許途路所經見也則喬木茂竹緣畛彌阜橫波疏石側道飛流以爲寓目之美觀及至所居之處自西山開道

迄于東山二里有餘南悉連嶺疊鄣青翠相接雲烟霄路殆無倪際從逕入谷凡有三口方壁西南石門世□南池□東南皆別載其事緣路初入行於竹逕半路闊以竹渠澗既入東南傍山渠展轉幽奇異處同美路北東西路因山爲鄣正北狹處踐湖爲池南山相對皆有崖巖東北枕壑下則清川如鏡傾柯盤石被澳映渚西巖帶林去潭可二十丈許葺基構宇在巖林之中水衞石階開窗對山仰眺曾峯俯鏡濬壑去巖半嶺復有一樓迴望周眺既得遠趣還顧西館望對窗戶緣崖下者密竹蒙逕從北直南悉是竹園東西百丈南北百五十五丈北倚近峯南眺遠嶺四山周回溪澗交過水石林竹之美巖岫隈曲之好備盡之矣刋翦開築此焉居處細趣密翫非可具記故較言大勢耳越山列其表側傍緬□□爲異觀也

丁謙補註南山者對北山而言也本康樂祖車騎將軍元卜居地故曰開創嵊縣舊志載元父弈爲剡令樂其山水有寓居之謀元因歸剡於嶀山東北太康湖江曲起樓樓側桐梓森鬱人號桐亭樓太康湖在動石溪濱本人力所成以上下十數里間皆謝氏田業故就郁樹嶺秀峯山南北夾峙之勢築堤建閘遏水成湖以資灌溉雖久淤廢形跡仍在溪旁尚有湖村清潭村之名皆當日湖之中泓也餘詳下節江樓即桐亭樓以傍江得名其下有石名釣魚臺俗名釣魚潭至今猶存在馬塽村東北二里自江樓南陟山又東南行至車騎山南元舊居處共約五里餘此爲正路逕小路也從逕入谷蓋由正路稍北沿山下平地東行經石壁精舍後改名國慶院南入山谷歷石門以至車騎祖宅卽游名山記所稱南第一谷是也因其東尚有一谷故

曰凡有三口緣路初入謂由小徑初入谷時地皆竹林半山溪澗用竹引水通至石壁精舍路北東西路者謂小逕之北又有一路可東西行因山爲鄣指秀峯山踐湖爲池指太康湖南山相對指郁樹嶺一帶石巖東北枕壑清川即動石溪上流西巖帶林去潭二十丈似今荷花池塘村地此處所構室宇及半嶺之樓與前之洞亭樓即賦首所稱周嶺三苑者也西巖者郁樹嶺北之高阜下又云北倚近峯則秀峯山之巔矣

因以小湖鄰於其限衆流所湊萬泉所回汎濫異形首毖終肥別有山水路邈緬歸

汎濫肥毖皆是泉名事見其詩云此萬泉所湊各有形勢

求歸其路迺界北山棧道傾虧蹬閣連卷復有水逕繚繞回圓瀰瀰平湖泓泓澄淵孤岸竦秀長洲紆綿既瞻既眺曠矣悠然及其

二川合流異源同口赴隘入險俱會山首瀨排沙以積丘峯倚渚以起阜石傾瀾而捎巖木映波而結藪逕南滑以橫前轉北崖而掩後隱叢灌故悉晨暮託星宿以知左右

往反經過自非巖澗便是水逕洲島相對皆有趣也

丁謙補註此皆敍太康湖水道之源委水之上游分二支南源出動石山東南北源出風車岭西南地雖隸剡其北即始寧境故云迺界北山二川並西流經今叠石頭村而合故云異源同口赴隘入險俱會山首即郁樹嶺秀峯夾峙成狹處因此間沙積成丘渚恰倚阜遂得堅築隄閘瀦而爲湖南横北掩有徑有崖故形勢鞏固不虞潰決也

山川澗石州岸草木既標異於前章亦列同於後牘山匪礙而是岵川有清而無濁石傍林而插巖泉協澗而下谷淵轉渚而散芳

岸靡沙而暎竹草迎冬而結葩樹淩霜而振綠向陽則在寒而納煦面陰則當暑而含雪連岡則積嶺以隱嶙舉峰則羣竦以嶬嶭浮泉飛流以寫空沉波潛溢於洞穴凡此皆異所而咸善殊節而俱悅

土山戴石曰砠山有林曰岵此章謂山川衆美亦不必有故總敘其最居山之後事亦皆有尋求也

春秋有待朝夕須資既耕以飯亦桑貿衣藝菜當肴採藥救頹自外何事順性靡違法音晨聽放生夕歸研書賞理敷文奏懷凡厥意謂揚較以揮且列於言誡特此推

謂寒待綿纊暑待絺綌朝夕餐飯設此諸業以待之藥以療病又在其外事之相推自不得不然至於聽講放生研書敷文皆其所好韓非有揚較班固亦云揚較古今其義一也左思曰爲

左右揚較而陳之

北山二園南山三苑百果備列乍近乍遠羅行布株迎早候晚猗蔚溪澗森疏崖巘杏壇㮈園橘林栗圃桃李多品梨棗殊所枇杷林檎帶谷映渚椹梅流芳於回巒椑柿被實於長浦

莊周云漁父見孔子杏壇之上維摩詰經㮈樹園揚雄蜀都賦云橘林左太沖亦云戶有橘柚之園桃李所植甚多棗梨事出北河濟之間淮潁諸處故云殊所也

畦町所藝含蘂藉芳蓼蕺葼薺葑菲蘇薑綠葵眷節以懷露白薤感時而負霜寒葱摽倩以陵陰春藿吐苕以近陽

葑菲見詩柏舟中管子曰北伐山戎得寒葱庾闡云寒葱挺園灌疏自供不待外求者也

弱質難恆頽齡易喪撫鬢生悲視顏自傷承清府之有術冀在衰

之可壯尋名山之奇藥越靈波而憩轅採石上之地黄摘竹下之天門擷曾嶺之細辛拔幽澗之溪蓀訪鍾乳於洞穴訊丹陽於紅泉

此皆住年之藥即近山之所出有采拾欲以消病也

安居二時冬夏三月遠僧有來近衆無闕法鼓朗響頌偈清發散華霏蕤流香飛越析曠刼之微言說像法之遺旨乘此心之一豪濟彼生之萬理啓善趣於南倡歸清暢於北機非獨愜於予情諒僉感於君子山中兮清寂羣紛兮自絶周聽兮非多得理兮俱悅寒風兮搔屑面陽兮常熱炎光兮隆熾對陰兮霜雪愒曾臺兮陟雲根坐澗下兮越風穴在茲城而諧賞傳古今之不滅

衆僧冬夏二時謂之安居輒九十日衆遠近聚萃法法鼓頌偈華香四種是齋講之事析說是齋講之議乘此之心可濟彼之

生南倡者都講北機者法師山中靜寂實是講説之處兼有林木可隨寒暑恆得清和以爲適也

好生之篤以我而觀懼命之盡吝景之懽分一往之仁心拔萬族之險難招驚魂於殆化收危形於將闌濠水性於江流吸雲物於天端覩騰翰之頡頏視鼓鰓之往還馳騁者儻能狂愈猜害者或可理攀

云物皆好生但以我而觀便可知彼之情吝景懼命是好生事也能放生者但有一往之仁心便可拔萬族之險難水性雲物各尋其生老子云馳騁田獵令人心發狂猜害者恆以忍害爲心見放生之理或可得悟也

哲人不存懷抱誰質糟粕猶在啓縢剖袠見柱下之經二覩濠上之篇七成未散之全樸救已穨於道術嗟夫六藝以宣聖教九流

以判賢徒國史以載前紀家傳以申世模篇章以陳美刺論難以
覈有無兵技醫日龜筴筮夢之法風角冢宅算數律歷之書或平
生之所流覽並於今而棄諸驗前識之喪道抱一德而不渝
莊周云輪扁語齊桓公公之所讀書聖人之糟粕縢者金縢之
流也柱下老子濠上莊子二七是篇數也云此二書最有理過
此以往皆是聖人之教獨往者所棄
伊昔齠齔實愛斯文援紙握管會性通神詩以言志賦以敷陳箴
銘誄頌咸各有倫爰暨山棲彌歷年紀幸多暇日自求諸己研精
靜慮貞觀厥美懷欣成章含笑奏理
謂少好文章及山棲以來別緣既闌尋慮文詠以盡暇日之適
便可得通神會性以永終期
若乃乘攝持之告評養達之篇畏絕跡之不遠懼行地之多艱均

上皇之自昔忌下衰之在旃投吾心於高人落賓名於聖賢廣滅景於崆峒許遁音於箕山愚假駒以表谷涓隱巖以搴芳庚宅壘以葆和輿陟峨而善狂萊庇蒙以織畚皓棲商而頤志鄉寢茂而敷詞鄭別谷而永逝梁去霸而長噫高居唐而胥宇臺依崖而穴墀咸自得以窮年眇貞思於所遺

老子云善攝生者莊子云謂之不善持生又云養生有無崖達生者不務生之所無奈何絕跡上皇下衰賓名義亦皆出莊周廣成子在崆峒之上黃帝之師也許由隱於箕山堯以天下讓而不取愚公居於駒阜齊桓公逐鹿入山見之涓子隱於宕山好餌朮告伯陽琴心三篇庚桑楚得老子之道居喂壘之山楚狂接輿楚王聞其賢使使者聘之於是遂游諸名山在蜀峨眉山上徐無鬼巖棲魏侯勞之問先生苦山林矣乃肯見寡人無

鬼問君絀嗜欲屏好惡則耳目察矣常采茅栗老萊子耕於蒙山之陽著書十五篇言道家之事織畚爲業四皓避秦亂入商洛深山漢祖召不能出司馬長卿高才而處世不樂預公卿大事病免家居茂陵鄭子眞耕隱谷口大將軍梁鳳禮聘不屈遂與弟子别於山阿終身不反梁伯鸞隱霸陵山中耕織以自娛後復入會稽山臺孝威居武安山下依崖爲土室采藥自給高文通居西唐山從容自娛也

曁其窈窕幽深寂漠虛遠事與情乖理與形反既耳目之靡端豈足跡之所踐藴終古於三季俟通明於五眼權近慮以停筆抑淺知而絕簡

謂此既非人跡所求更待三明五通然後可踐履耳故停筆絕簡不復多云冀夫賞音悟夫此旨也

梅花賦

宋王　銍

韻勝羣卉花稱早梅稟天質之至美凌歲寒而獨開標致甚高斂孤芳而靜吐陽和未動攙春色以先回原夫尤物之生英姿特異方隆冬之屈候屬祁寒之鼎至瞻遠岫兮無色盼叢條兮失翠彼美仙姿夐存幽致春風萬里報南國之佳人香豔一枝富東君之妙意觀乎離類絕俗含新吐奇妙有江山之興蕭然風露之姿氣韻雅甚精神遠而雪滿南枝想梁園之未賦春生寒谷鄙鄒律之潛吹其時掩冉半開娉婷一笑絢紅日以朝映耿青燈之夜照何郎秀句不足以詠其妍徐熙淡墨不足以傳其妙城隅璀璨遙瞻妍女之姝月下横斜乍識佼人之僚至若霜島寒霽江郵晚晴竹外煙裊松間雲清惱遠客以魂斷悅幽人之眼明語其能則潔而無滓窮其用則大而難名儻遇兵塵可止三軍之渴如逢鼎味堪

調一相之羹譬夫豪傑之士豈流俗所能移節義之夫雖阨窮而愈厲時當搖落之候氣極嚴凝之際茲梅也排風月而迥出傲霜雪而獨麗色靡竟於陽春志可期於晚歲所以興動錢塘之老妙語爭新香貽隴首之人芳期遠契彼清露兮被三逕之菊彼光風兮汎九畹之蘭歆紅蕖於夏永破丹杏於春寒麗質鮮妍則比我已遠高情瀟灑而方茲實難塞曲悲涼望作南樓之弄詩魂飛動尚流東閣之觀於是倚檻凝神巡檐搔首眷落英之著袂折粉香而在手吾方破悶析醒於此焉信花中之未有

大嵊山賦　宋王十朋

名境嵊山程途往還望高坡而峭峻登聳嶠以塡灣上與雲齊霧擁於煙蘿之內下臨水際舟橫于巨派之間原夫勢接江湖歧分台越奠疑峯巒崔巍孰埒懸崖則時時瀑布深谷則年年積雪華

岡蔚密南乘謝朓之巖峪徑陰森北倚趙公之阜上多名木內足坑溪猛獸或過洒蕩靈禽忽翥蘆棲兩畔澗流四面雲低武肅王駐舸吟哦歎斯境絕異謝靈運彈飛巖嶂慕此地堪棲夜夜雲生朝朝霧起崔峉嶔崟岧嶤嵔㠥三春之桃李芳芬九夏之林巒蔚翠梁王別室歸建業以登天陳廓漂流立靈祠於此地杳杳冥冥勢連嵊亭龍吟虎嘯水白松青上館嶺兮龍宮梵宇箬嶴嶺兮夫人石形有良工而巧琢或走獸兮奔星豈勞嬴政役鬼神之力休說梁元呈圖畫之靈昌一邑之黎元疲民蘇矣鎮三方之土地訟者咸寧至異哉玩此山體面最奇形容殊麗黃沙碌礫兮水岸碧嶂嵯峨兮雲際樹矗崚嶒枝纏薜荔石闌干險以崎嶇何皤水渺而搖曳周圍四顧相同華頂之前宛轉羣峯猶若岧嶤之勢西源伏豹東埠飛龍墩突兀兮白竹水潺湲兮烏峯綠雲映於野外翠

羽鳴於山中洞倚嶙岏之石巖欹偃蹇之松嶺峻則月華易度林高則霜霰難融郯郭祠前且見井坑之蹟皇書亭畔又看廩滯之蹤莫不雲雨蕭蕭枝柯浩浩或賢者玩而昇騰或智者賞而辭藻懿乎可以尋眞思之而即悟道

剡溪春色賦

地屬甌越邑爲剡溪氣聚山川之秀景開圖畫之齊雖禹穴之小邦樓臺接境實仙源之勝地桃李成蹊竊原清環戴水之流翠列姥岑之岫登樓而望也南接台溫之左按圖而察也北據越杭之右謫極目之雲霄簇連甍之綿繡一十八里春風城郭觸處爭新二十七鄉暮雨溪山望中發秀臺榭入萬家風月簾櫳捲百里江山雕鞍驟兮落花亂香陌晴兮芳草閒畫槳達溪搖蕩綠波之上流鶯剡塢緡蠻紅樹之間豈不以柳暗東門梅肥西嶺美地秀玉

山之嶂洞天麗金庭之景酒旗搖翠幕之風池水浸紅樓之影滌塵僧舍瀑飛二鹿之泉泛雪茗甌香汲五龍之井非獨一時之秀實爲千古之奇琴蹟不存尚垂芳於安道墨池猶在更留譽於羲之自是雨中橫東渡之舟月下引南樓之笛青山東望曾經安石之遊綠水南流尚有阮仙之蹟雨過煙墟叢叢綠蕪渭水依稀之景輞川彷彿之圖或氣融於廣莫或嵐霽於虛無翠滴嵊峰多步花朝之履碧分越水曾回雪夜之桴信乎此地誠有可觀者焉

梅花賦

宋　釋仲皎

翳彼梅萼參平雪花香度風而旖旎影臨水以欹斜瑩若裁冰帶玉溪之瀟灑清如薰麝辟仙苑之光華且夫晴雲乍斂於東郊麗日纔升於南囿酥萼失豔鉛葩獨秀含宿霧以淒迷洗晨霜而孤瘦凍開蠟蒂自宜清峭之天吹破檀心誰怯黃昏之候莫不山屏

冉冉水鏡盈盈蓓蕾似連璧枝柯在交瓊嗟額上之半裝未了何眉間之一剪先横竹葉杯中野店謾資於幽詠梨花夢裏曉雲難駐於高情其如寒漠天遥郵亭夜冷望窮隴首之春信踏碎階前之月影會淒斷於衰草平沙忍矜誇於天桃豔杏冰魂招處懷清些於楚人雲馭傳時聽長嘶於庾嶺朝陽借煖暮雨饒芳靚何郎之傅粉乖韓氏之偷香乳鶯未識平妍姿還延深谷寒蝶稍聞其勝韻飛過低牆宜乎翠綃卷而薄煙收玉珠零而殘露晛試攀鶴膝之斜朵綴舉峰腰之快剪孤山寺側玩回雪以無殊卻月觀前學凌波而不淺由是寂寞歌詠團圞繞行悟空花之絢豔嗟落地之繁英銀蟾低而軒窗寒悄畫角動而簾幙風清談笑收功誰使漢軍而止渴雍容推最實思商鼎以和羹媚哉寫照何多供吟非暫嫌趙昌之筆俗愛徐熙之墨暗襟懷獨慕其孤超風味更憐其

幽淡西湖處士兮朽詩骨以難尋東坡先生兮渺才源而莫探又安得問寒芳於無何有之鄉廓參横而河澹

金庭山賦

明 王鈍

翳金庭之爲山鎭東剡之要衝壯洞天之形勝爲福地之靈宗勢岌業而若馳羌偃蹇而横空根厚地以盤盤屹層霄其崇崇崔巍峻立兮偉矣卓劍放鶴之雄崒嵂孤撑矣壯哉香爐五老之峯雖嵩華之莫並迥培塿之難同訇石扇以中開渺金壁而無窮仙岡走萬里之騧神湫潛斛水之龍蠑蝗勿起豹豕遠蹤風泉清渙崖谷蒨葱鬱秋興兮滿庭澹斜月兮西風四照之花萬品九衢之草千計桐合柏而虬枝竹曳毛而鸞尾醲酒味之玉泉飫粳香之石髓鳴子晉之鳳笙飛王喬之舄屣仙之人兮列如麻虎鼓瑟兮鸞回車嗟三徑之松菊幻五色之烟霞層軒出雲霓而延袤飛閣臨

無地而紛奢燦炳炳以照爛隆崛屼以交加雖鐘鳴之羽館實鼎食之王家予於是有所感矣昔芊棘之重合羌離黍以興悲今寶地之宏開噓文燄於寒灰是宜休文記館裴子文池鏗金玉之麗句樹雕篆之貞碑覽前修之遺蹤曾不滿夫一歎見桑變而海遷幾星移而物換今天家之奮興紛離立而輪奐啓金谷之瓊樓開玉京之瑤殿朝霞爲丹雘之明夕霞爲珠網之燦桂館蘭亭梅軒竹院麗花影之重重灑松風之面面集元羽以翩蹮感游娛之壯觀遇希夷以乘風請分山于一半來士駕以盤旋游予目以睇盼聊吐繡以摛詞奉羣公之娛玩於是振衣而起擊節而歌歌曰五雲爛熳兮鬱霄之宮寶池清虛兮瀛海之東紫簫雙吹兮兩兩玉童控羣仙而遐舉兮雲冉冉以從龍

瑞芝賦

正統二年歲在丁巳暮春之初瑞芝產於家園幽質靈華飛香吐秀金柯玉質光奪人目誠凡卉莫能鬬其妍而大鈞所以毓其靈也傳曰王者仁慈則芝草生稽諸載籍漢孝武時見於甘泉宮孝宣時呈於函德殿晉陵郡君協宰新樞生於便坐之室所以表盛德徵至化休祥之至豈偶然哉景州學正韓先生俊適見之因作瑞芝園記命鈍賦之其辭曰二氣交運四時旁午斡造化之樞機感陽和之扇鼓渾元和以同春陶萬物而得所九莖孚化日而榮三秀蕩祥風而吐靈連蜷兮紫金秀芬芳兮翠羽媚粹潤兮珊瑚妙溫純兮璜瑀皠截肪兮不緇渥澤漆兮靡黐祥茁卓犖於羣芳仙質瑰奇於凡杜療飢之詠兮炳煥芸編和劑之良兮光輝草部孕淑氣於上天植靈根於下土嘗熠熠於商山匪萋萋於南浦羌幽蘭兮同調蹇嘉禾兮爲伍煥然分五色於甘泉之中邈矣瑞千

齡於函德之下昔既禎於帝庭今胡靈於坻圃奇葩層瑞綺之玲瓏寳幹錯文犀而媚嫵遊人步屧以環瞻貴客憑輿而式顧致騷墨之品題來名賢之詠賦堂時詡而著名園日涉以成趣羌一卉之毓靈蹇衆芳以同貢誠勝地之雅觀實千古之奇遇也是芝也生能掄壤而世覩其爲珍出必以時而僉贊其爲神友猗猗之蘂竹絕翹翹之錯薪扇和風以亭午膏清露於芳辰豈驛梅之可寄非皋蘭之足紉紛內美於陽德鮮外斲乎天眞安安焉若有道之士溫溫乎數成德之人吁嗟瑞芝靈協祥麟形不成於非義迹惟顯於至仁感有關於元化遐不作於大鈞在郡庭兮著德見予室兮何因是蓋厥井之間土瘠民淳吾黨之內風美俗敦志樂遵乎王化行克篤於人倫致元和之所感肇上瑞以來臻是可以驗至德誕敷於普天之下故有以致靈物薦呈於率土之濱欽惟聖朝

天命維新瑰祥信禎兮來集溱溱雅歌善頌兮繼作頻頻馮翼孝德兮朝野臣臣衣冠禮樂兮文質彬彬耕食鑿飲兮無懷之民安居樂業兮有虞之辰芝之靈以時而生芝之異至和而凝

瑞麥賦

明　徐　渭

爰有吳公知嵊未期治政無雙高出等彝召至和氣郊麥離離兩歧昔秀今獨三岐以比張堪不猶過之一本而生二一參以披譬如人目而雙瞳子譬如海洲而三島峙雙既兼精三復加侈苟非厚種焉得呈異厚豈無因中和所致致此者誰敢歸執事當迎風而靡散若濡露而品呈飄然紛比翼之鳥曜兮映大火之星實兼垂而彌俯稭合捧其愈兢纍如貫珠挾組而佩錯焉割據鼎足其勍或三而二聚女髻男角之狀或二而三成男朋女粲之形分二三而兩在合三二而五成總千莖其可合亦萬穗其可分且其躋躋

蹌蹌栗栗穰穰味以薦寢穎能脱囊屏百穀以先登受四氣而愈揚匪后稷之專能受上帝之於皇周官雁其宜食天子堯以先嘗是以大水書無宣尼示戒關中旱種仲舒告王縱使結實如故刈穫卽常斯亦室家之胥慶何況於沓葆而連萌翠華綢繆綠陰翺翔標闢鞏牛之尾粒排鮐脊之章飯食口而兼味麴始壓而烈芳木種連理胡適於用苞有三蘖徒結其殃誠未若此物固翁嫗之所創見而耳目之所未嘗昔子輿氏有言曰至於日至之時皆熟矣或有不同者則人事之不齊而雨露之長養豈覩夫今日之異種也出乎其類拔乎其萃若麒麟之於走獸而飛鳥之於鳳凰則又安異乎學宮弟子驚告乎縣長而奔走於詞場者哉然渭又聞學士弟子之呈茲於公也刈其腰鐮盛以盂盤謂公德政之所致焉公直答曰是偶然爾家兮廓兮眞長者言長者之言夫豈無故

胡有茲祥而不以疏慨茲歲之元辰揜陽魄其如暮是年正旦日食謂雲密而不彰亦既昏而改度適遐方之封事云朗焉其躬覩斯陰陽之競淩實中和之螟蠹聖主憂之而屢見於言公卿思之而不得其故且宋之友諒嘗進是瑞於太祖矣太祖怒之曰宋州大水何用此爲豈以當今聖明而顧俛焉是聽哉憶高皇之三載麥稱瑞於寶雞進嘉莖之五穗命學士而制詞時則南取襄荆東下江浙閩海全齊喙息來庭秦晉周梁角崩扣闕豈若今日戎馬蹂躪而甫旋艨衝瞬息而靡定東南當春夏之殺傷西北苦秋冬之奔命萬室不保一麥何支四方如此一縣何爲固知吳公之退讓或有在於斯歟

放生池賦

明 王國禎

剡溪西上潭澄一碧海門周先生就不關之流施廣生之澤有魚

停蓄莫討千百不畏餌于狂童嘗招詩于騷客是歲桐月日惟幾望王子國禎將事春疇過而美之因爲作賦賦曰夫羽吾知其能飛鱗吾知其必游彼四海之淼茫與五湖之浸涪自應破浪以去詎復吹沫而遛似逃湯祝于數網竟戀禹鑿于了洲地當聖里上有巨鄞峙鹿嶠之嵯峨接珠浦之澄滮砂明于兩岸鳧泛乎中溜無屈平之荷蓋有子猷之雪舟乃斂腮以藏更掉尾而浮白爲鱎而青爲鰱大爲鯤而小爲鯫比於物于文沼同相忘乎海鷗時近渚以狎人亦湖上而食蘋仰殘星之離合若萍驚初月之屈曲如鉤望白雲兮靄遠岫待清風兮颸上游志士感其一躍達人悟其知休噫嘻世路狂兮波沸人心險兮石激貪得者喪躁進者躓誰似若族之無知獨識此邦之僅僻不慕遠舉兮海鰠聊守一介兮溪鰫春來南漲秋過水涸任風濤之屢變依臥虹以不易自爲升

沉絕無厭擇非高麗之紅裳傲貴妃之玉液老冰底于一隅窺日光于咫尺感君子兮不綱笑行人兮勿息翠以華而見殺龜則靈而反阨維得聖人之清故倖免夫矰繳仿上智之愚庶幾全乎沙磧

疏

鉅璫亂政疏　　明　喻安性

吏科給事中臣喻安性題爲揆地廢弛鉅璫亂政懇乞聖明蚤見預防以消宮府隱禍事臣觀奄豎之禍人家國也皆起於狠貪鷙悍輔以虎異猴冠而投閒底隙每當政本廢弛宮府睽隔之日故王振禍貽宗社鼎沸十年其初一楊文貞輩坐制之而自足汪直流毒縉紳舉朝短氣其初一商文毅輩監制之而有餘今聖躬深處內外釜鬵則閣臣之所以求通一綫於君側者勢且乞靈於司禮夫以閣臣而乞靈於司禮則司禮反得坐制監制乎閣臣而閣臣之政於是爲司禮用如此欲司禮之不肆虐亂政以貽害於天下國家者未之有也若今司禮監太監成敬者可患焉夫敬一丁不識藉羣翼以張鴟三窟是營翕衆流而填壑視稅監爲莊田而

高宲張燿輩之進奉幾同御前之孝順則此金珠錯落疇非取償於細氓目營繕爲外府而陳永壽等之擅聚侵牟無不總歸於尾閭則此千萬漏巵孰非漁獵乎公帑郝婺一苞二櫱横行輦轂業已事發伏辜乃入其房園數萬之賄篤言直膳凌奪刑官則藐王法如弁髦已高淮荼毒弄兵激變遼左業已奉旨奏處乃納其金幣貂參之賂縱飲盤食歡呼內地則欺明旨如兒戲已文職銓除民瘼攸係乃與文書房肆行囑託上缺二三千中缺一二千下亦不減七八百金計每月陞選便可得銀數萬且皇上於文吏除目多緩下以示慎而不知羣璫卽乘緩以作威是銓政之亂固宿弊多端而司禮實潰其防也武將推用疆圉攸關乃廣招債帥遇缺卽營總戎三四千參遊一二千守把亦不減八九百金通歲邀脇奚啻數十萬兩且皇上於武弁推疏每速報以示重而不知羣璫

卽乘速以示恩是樞政之亂因身自叢穢而司禮亦借之端也若近日驚駭聽聞者尤在欽選子弟一節此宮闈何等吉事朝廷何等大禮乃亦不忘市心暗索顧商萬金及貓睛珇琭之餽一時兄弟並膺妙選幸聖明慧目獨有所簡不然何以杜街衢之榜帖而塞羣疑之口夫敬掌監未及一年且當英主嚴察之下輒敢欺肆胡行矧從此靜攝日久厭倦潛滋煬竈蔽明將有東西易面而不自覺者臣竊爲君側危之也曩輔臣親詣宮門請謁司禮未知其所欲乞者何事乃敬卽傳諭宮門何地非奉宣召何敢至此令左右呵斥以出卽凌辱縉紳勢已熏灼矧今揆地以支離狠狽之身當指摘叢加之日身辱望輕益無忌憚且去者旣不成其爲去則任者亦不成其爲任躭延委頓利歸漁人將有日就旁落而莫可挽回者臣竊爲政本危之也方今災民窮內黠虜逼外營苦無兵

帑苦無餉勢已岌岌再添權璫侵政以行賕婪染之吏而牧災民以賄通貪剝之將而禦驕虜又大縱磨牙吮血之羣璫以侵冒乎極疲極耗之軍與餉是傳火以膏趣之使烈天下事尚忍言哉臣竊爲宗社生靈危之也昔王振汪直初亦涓涓易與者耳考功郎李茂宏卽上言睽隔蒙蔽當有意外之虞省臣孫博亦請裁抑西廠以翦禍蔓當時人亦以爲私憂過計卒之二豎滔天取符若券今臣亦竊附於二臣之義不避齒馬伏惟聖明大賜乾斷將敬嚴譴或念其罪惡未盈姑置閒曠以全其終并乞速勅二三輔臣義當引去者決於去毋優游養亂以貽禍於後人義當直任者決於任毋謙讓未遑以坐失平事窾庶幾政本肅清制馭有道將旁落可杜而隱禍亦可消矣

請復誥命疏　明　喻安性

總督薊遼保定等處軍務兵部尚書臣喻安性奏爲遵旨請復誥命以終恩典事臣原任遼撫觸忤逆璫魏忠賢於天啓五年冬勒逐閒住歸至中途復削籍爲民追奪誥命自甘播棄無再覩堯天舜日之想矣詎期宗社有靈聖明特起博採廷議起臣田間不惟還臣以故物而且晉臣以新銜浩蕩鴻恩卽捐糜頂踵竭蹶封疆不足報稱於萬一又何敢他有所冀以干冒濫之討惟是三朝封典榮及所生追奪諸臣概蒙補給臣受事以來奔走闕廷未敢塵瀆茲接邸報爲誥軸太濫頒歷以後不許陳乞雖明旨有削奪起用初次請給不在此限然亦不敢再爲濡滯以孤聖主優待廢臣之特恩已至於復臣原官正當龍飛建元之始卽起臣今職亦在今春及夏之交倘邀恩詔得與諸臣並給新銜誥命則望外之恩而非微臣之所敢必也伏祈聖慈勅下該部查例一體題覆施行

感激高厚矢圖銜報於世世靡極矣

乞休疏　　明周汝登

廣東按察司僉事臣周汝登爲身病沉危母年衰耄力窮情迫懇乞俯容休罷事臣由萬歷五年進士初授部郎浮沉中外歷轉今職二十餘年虚縻廪餼臣父母先後俱叨封典重荷國恩畢餘生以效涓埃固臣分宜虔亦臣心自切惟臣禀氣素薄斲喪又多壯年遘病遂成深痼向歸調理在籍十年近出馳驅又經九載今年過始衰精力加憊去冬移官嶺表感冒風瘴瘧疾方痊痰喘繼作不能眠食凡十餘晝夜自分必死偶徼幸獲起而臟腑受虧如中空之木枝葉徒成而摧折良易矣一時承乏萬里趨蹌拜祝殿廷堅持竣事而氣竭神疲卒然眩仆飲食不進湯藥難施奄奄僅存痊愈難必且臣有生母太安人黄臣十四而孤賴母教育母不能

一日舍臣臣不能一日離毋臣向奔走南北毋所至與偕今毋年漸高八十有三老耄衰白行履艱難欲仍前迎養則毋乘輿不能欲舍毋獨行則臣絕裾何忍有此苦情雖使年强力壯猶將以烏鳥之私上干天聽而況病又沉危身難驅策情旣迫而力以窮此臣所以不得不號天而訴也不敢妄援終養之例亦不敢求同致仕之條惟陛下鑒臣微誠勑令吏部容臣罷閑歸里臣一日不死猶能修奉養小孝以導鄉閭效擊壤餘歌以揚聖化生有餘榮死且不朽臣無任懇祈戰慄之至

再上乞休疏　明　周汝登

雲南布政使司左參議臣周汝登為情苦病深新命難趨冒死重號懇乞憫容休罷事臣原任廣東按察司僉事齎俸畢役具疏乞休未蒙憐允南還在途又蒙點陞今職臣通籍二紀歷無善狀徒

以資俸積累得廁方面之末頃叨寵命冒竊愈隆仰恩罔極何敢復以身家爲念惟是臣情極苦臣病極深萬分難強有不得不重自哀號於君父之前者臣有八十四歲之老母向來晨夕相依實難一朝遠割且臣抱二十年來痼疾去歲復舉雖稍調理而形神猶憊近聞新命感激思前行未數程輒復昏仆湯飲難投比前更劇精力既年衰一年而病勢又日甚一日臣病離母母念良深母老思臣臣憂倍切母淚長垂臣腸寸裂母子之情苦無可比夫既抱苦情更嬰劇疾方寸已亂精力又疲即欲前奔無由勉強蓋臣身如犬馬蒙恩徘徊戀主而病骨難鞭臣母如鹿麑相顧兩地呼鳴而至性難割惟皇上深仁不遺蠢動大孝錫類閶闔如臣情事最可憐憫爲此冒死重披仰干天聽伏惟俯念臣病是眞俯察臣情非飾容臣罷閑歸里臣母子得延餘喘即斯須皆皇上所再造

殞首結草生死其何敢忘臣不勝懇切惶恐待罪之至

請封江神陳賢疏　　清　趙申喬

臣仰荷皇上隆恩轉補偏沅巡撫受事以來欽遵聖訓察吏安民凡屬員賢否地方利弊現在諮訪次第入告何敢越職再言前任事但臣在浙時實有一事關係民生目擊心許不敢壅於上聞者查浙省錢塘江逼近杭城潮汛洶湧最爲險急康熙四十年臣任浙江藩司每見衝嚙堤岸坍削田廬沿江居民幾無寧宇上下馬塘俱難行走日夕焦心具詳前撫臣張志棟繪圖題請蒙俞允部議借支歲修款銀興築臣復節俸捐貲湊備工料委溫州同知甘國奎董理其事圮者完之缺者補之併築子塘以護塘基乃上年秋汛大潮一日兩至衝刷日甚危險堪虞束手惶惶計無所出據士民籲稱江神有靈理宜祭禱以冀迴瀾又查康熙三十八年八

月紹興府嵊縣詳據貢監生員李茂先等呈稱浙省錢塘江乃萬艘輻輳之會實諸道衝要之津怒浪狂濤不時發作早潮晚汐一日雙馳捲長堤而碎裂排高岸以傾頹沃壤良田半隨雲浪朱門白屋盡逐銀濤誠所謂威激雷霆勢亘山嶽者也按惟宋進士陳賢者嵊邑奇人浙東間氣生具神通力拯陷溺每潮神之有祭魂輒與其馨香凡牲醴之所歆寤卽見諸哇吐植竹誓禱立成西岸沙堤假寐神遊躬護中流覆楫厥後淳祐之歲障川迴瀾寶佑之元逆風殺水爰是廷臣表異宋室褒封由大尉而進靈濟恆膺爵秩之榮轉善應而加協惠頻易公侯之等夫何元明代往數百年來久虛誥敕之頒僅享春秋之祀然而神威毅魄歷久常新每當濟楫揚帆颶驅篷裂惟搶呼之一聲賴神明之立應宜沿江以爲司命而嵊民尊稱太公者也恭遇聖治休明皇恩廣被及河喬嶽

既懷柔平百神崇德報勳更優渥乎萬古伏祈俯順輿情詳請題
封等情據此通詳在案臣查江神陳賢屢著靈異舊膺封典事非
荒誕無稽隨卽齋戒三日虔設牲醴自撰祝文備告以聖天子德
隆功盛海晏河清神果有知安瀾效順爲朝廷保障生靈自當題
請褒封以答神庥因率司道等親赴江干祭告齋心默禱祭甫畢
而潮已至風狂浪激如排山擁陣而來觀者如堵踉蹌奔避乃潮
距祭所百餘丈卽止如有阻遏之者此康熙四十一年九月十三
日事也杭城大小屬員併築塘員役及近塘居民無不目擊嗣後
每日潮汐俱不逼塘得以及時施工是皆我皇上愛育萬民懷柔
百神之德化所致而江神效靈有呼卽應其功似難泯沒臣彼時
卽擬題請緣一時恐出偶然未敢遽瀆宸聽十月奉命馳赴鎭筸
會審旋蒙恩轉補今任至本年二月趨迎聖駕見浙來諸臣僉云

塘外頓起沙洲數里江濤離岸甚遠可保無虞是江神既鑒臣一日之誠而不負臣則臣何敢自渝前日之約而重負江神微臣叩見行在時亦曾經面奏聖明茲莅楚南數月以來未嘗須臾忘也屈指前事於今已一年矣臣身雖離浙言猶在耳神明難欺臣心難昧不得不瀆陳於君父之前再查臣前任浙江時有前撫臣張志棟疏請將明季紹興知府湯紹恩褒封一案奉旨令臣詳議具奏臣遵查湯紹恩禦災捍患利賴甚多懇恩給封隨蒙敕賜祠額欽定靈濟欽遵在案竊念湯紹恩以前守建閘有功尚得荷邀天寵況陳賢以江神捍潮顯應自當仰籲恩褒倘蒙皇上俯念浙省江塘關係民生不以臣言爲荒謬伏祈敕下部議將錢塘江神陳賢援例給封則波臣水吏常邀萬世殊榮而報德崇功共仰千秋曠典矣

京員要缺宜專用科甲疏　　清　樓譽普

刑科給事中臣樓譽普跪奏爲京員要缺宜仍專用科甲請飭查核更正事竊内閣漢侍讀祇設二缺綜司票擬責任綦重向來專用科甲人員其貢生出身之漢中書典籍從無升補侍讀之案此次實錄館請獎清單有以貢生出身之員創保侍讀頗聞衆論譁然查宗人府起居注主事均由中書升補惟貢生出身者不准中書截取同知後例得借選知州惟貢生出身者不准其他保送軍機章京等差貢生出身者亦均不准是向章與科甲區別甚嚴侍讀爲漢票籤辦事領袖之員尤關緊要應請飭下吏部查照向章仍專用科甲人員以重責成而杜倖進其新保貢生出身之員聞到館之日甚淺差事亦次應否改獎聽候吏部另核辦理臣爲慎重京員要缺起見是否有當伏乞聖鑒訓示謹奏

整飭吏治疏

稽察北新倉刑科掌印給事中臣樓譽普跪奏爲恭繹諭旨具陳管見仰祈聖鑒事六月十六日恭奉上諭澄敘官方察吏實爲急務各省督撫考核屬員率多虚應故事不足以示勸懲至冗員過多亟應照章甄别將庸劣各員隨時裁汰毋任日久濫竽各等因欽此仰見皇太后皇上整飭吏治之至意然數月來各省督撫向無應者臣謹以吏治之弊約畧陳之州縣爲民生之根本州縣得其人則百姓安州縣不得其人則百姓擾近來之最巧而最害者以同通署理州縣爲首而老幕盤踞次之應迴避不迴避次之在服官省分置買田産與民爭利又次之朝廷設官各有等差同通州縣本係囘班何容混淆咸豐軍興以後人少不得不借用現在實任及候補州縣每省數百員何至無材各督撫且請停分發如

何再可侵越查同知五品通判六品爲州縣之升階以同通署州縣升降之權倒置而得之者以爲喜與之者以爲恩是誠巧宦之尤者矣保舉同通類皆情面一二次列名居然實官捐納同通所費不過數百金亦居然實官到省後百計鑽營無徼不至督撫以爲能俾署州縣事權在手威福自擅不知地方之利弊惟求私橐之充盈稍分其肥以往交督撫之幕友官親遂相交譽故小民恨至切齒而督撫猶以爲能員也前奉部章四缺得一此風稍熄然嚴其得缺轉速其貪婪輪委既艱旅食益大一旦署事不剝盡脂膏不止而地方更不可問矣則何如絕其署理州縣之路之爲無弊也況同通自有同通之缺州縣宜歸州縣之班於國家分職初意亦屬相合應請特旨飭下各省督撫以後各用本班現在保舉捐納同通不由州縣班而署州縣者一概先行撤任勒令補交州

縣本班實銀以懲取巧以定名分庶州縣有專司不致付生民於不問矣幕友本佐政事而久事盤踞則弊端百出近來各省督撫司道各衙門沿用幕友往往老於其位歷數任而不更遂視爲固有者公事付之子弟已則逍遥事外聚賭博肆招摇受規禮織訟詞甚且時行賄賂廣通聲氣幕友本係寒士何以便成巨富則其平日之貪廉自見督撫司道之明察者亦或知之而根深蒂固莫可動搖亦遂任之迨至決裂即使驅逐亦貽害不淺則何如先事豫防之爲得也應請旨飭下各該衙門嚴加查訪不得沿用慣弊老幕斯盤踞之術窮而政亦可理矣至於迴避人員例定綦嚴近來亦視爲具文前經御史奏請查辦雲南二省臣聞他省亦間有之有父兄爲司道幕友而子弟候補州縣者有父兄爲候補道府而子弟候補同通州縣者至兩浙兩廣兩淮各有鹽務省分更多

應行迴避人員在鹽務雖不理民事而其互相瞻徇則一也應請
旨飭下各省一體查辦勅令迴避則情面庶可稍戢矣至服官省
分例不准置買田產開設店肆乃近來各省官員無不犯此例禁
其已罷官者猶可言也不謂督撫方昇以事權而產業即因之日
廣微論有玷官箴卽此孜孜爭利之心可決其居官之不廉其始
亦畏人知假他名以混之及至久而坦然不疑相率效尤幾視之
爲當然者應請旨飭下各督撫認眞查辦不得以空言塞責若猶
粉飾當予嚴懲以上各條就臣聞見所及言之是否有當伏乞皇
太后皇上聖鑒謹奏

嵊縣志卷二十四終

嵊縣志卷二十五

藝文志

序

送許時用還山序

明宋濂

婺與越爲隣壤越屬縣曰嵊有許氏居之以詩書相傳爲名門而時用則又其最秀者也濂家婺之金華距嵊爲不遠在弱齡時即與時用相聞方以文墨自漸摩無風雨無晝夜危坐一室不暇見既同試藝浙闈旅進旅退於千百人中無有爲之先容者又不能見自時厥後時用以經禮擢上第爲諸暨州判官金華抵諸暨比嵊爲尤邇將騎驢走鈴下而謁焉時用又入御史行臺爲掾吏御史治百司其地清嚴雖時用亦不宜與人相接又不敢見曾未幾何金華陷於兵士大夫螻蟻走惟流子里爲樂土亟挈妻孥避焉

流子里隷諸暨地在嵊之西北近數舍即至濂苦心多畏而士著民往往淩虐流寓者白日未盡墜輒翳行林坳鈔其囊槖物甚者或至殺人又不可見及至兵戈稍息予還金華日采藥以自娛間念及時用即欲約二三子往候之以解夙昔之思去年冬聞時用有弓旌之招使者促迫上道急於星火又不及見濂竊自念時用英俊士此行何所不至鸞臺鳳閣將以次而升何日能賦歸縱時用欲歸上之人亦未必聽也濂雖少時用一歲則已頽然成翁度何由至南京既不能至又安得與時用一抵掌笑談耶茫然遐思者久之會朝廷纂修元史宰臣奉特旨起濂爲總裁官使者亦見迫如前逮濂將戒行李時用至武林始旬日耳濂自念史事甚重當有鴻博之士任其責者濂豈敢與聞藉是以往或得一見時用亦非至幸歟濂至南京時寓於護龍河上方求時用舍館之所忽

有偉丈夫來見者問其姓名則曰我許時用也子豈非宋景濂乎濂驚喜不及答亟延入座備陳五欲見而弗能之故時用知濂向往之切亦相與傾倒風晨月夕無不相往來一旦忽悽然曰予先朝進士也春秋又高矣不足以辱明時使者不我知強委幣而迫之來我不敢違今已陳情於丞相府矣丞相倘言之上得遂賦歸田焉不翅足矣他日又來言曰聖天子寬仁今用丞相言如所請矣已具舟大江之濱吾子遇我厚幸一言以爲別嗚呼婺與越其壤相接爾其相見甚易也乃積四十年而莫之遂厥後始見千里之外既見矣遠或三四春秋近或及期相與論學以盡夫情可也未及二月而即去既去矣或買小艇相隨五六百里間採江花之幽靚殷勤道別亦云可也修史事殷足不敢踰都門愴然而別既別矣一二年間或得一聚首如今日焉猶可也然向者已如此自

今而後其可以必期而必信之耶人事之參差不齊何可勝道向奚言爲時用之别耶雖然時用之歸也其有繫於名節甚大時用探戴山之薇飲鑑湖之水日與學子談經以爲樂者果誰之賜歟誠由遭逢有道之朝故得以上霑滂沛之恩而適夫出處之宜也夫道宣上德以昭布於四方者史臣之事也因不辭以爲之序區區聚散之故一己之私爾則又當在所不計也

送徐君信夫知嵊縣序　明　程楷

宏治戊午春徐君信夫以鄉進士釋褐闕下拜浙江嵊縣尹予同年兵科都給事中楊君潤卿其友也因謂予曰徐君予十年莫逆交也探其志觀其所造豈止一甲第哉而竟不偶今顧屈之嵊因屬言以爲贈余聞嵊爲浙大邑浙俗向嚚一言不相下則立關節深情蔓辭告訐成大獄謷謷階下惟僞訐之逞聽者臨之眞僞莫

辦紛結不能解徐君果能設鉤鉅廉情而摘隱乎曰不能也邑有常需朝廷有常務彼務飾情以應命轉換爲支吾督責愈急而變詐愈多徐君能別設檻穽張危機深致之入使甘心畢事乎曰不爲也賦稅出田畝大家怙勢小家阻貧經歲不肯納則催科之政不辦徐君能易箠楚廣縲絏糜爛體膚而繫累之庶牛車擔石之輻輳乎曰不忍也然則君將奚恃而爲於嵊耶曰君往時力學自修惟敏因自號警齋用心於警而深有得者囂訟擾擾警之以公虛心察理曲直自見奚待於鉤鉅民事怠縱警之以義體國之勢以身先之必有感而興者奚事於設穽租稅之逋警之以信立期不爽勸懲有常奚待於箠楚之易予曰若是則嵊之政成矣由是賢名懋彰褒擢必至將陟顯而登崇乎則任之益重而所施益廣也徐君又何以待之乎楊君欣然起曰君之警固尚在也

送林明府岳偉秩滿序

明　陶望齡

於越美山水而剡其面也晉宋間名雅君子歌笑頌歎盤遊之地在焉而其民巖畊溪飲業專嗜少無商賈四方之慕一耳目視聽以媚君長較諸旁邑又最名爲顓樸顧獨以難治著稱何哉自齡始有記聞以來令於剡爲上者注沐恩寵而善遷去已去見思於民一人而已不多覯也上既疾視其民而被下以垢惡民昏嗇獷狠嚚於爭訟日月重襲不可剜剔下亦弗克狎比於政而嘖有煩言以謗讟其君子斯所謂兩失也豈異民易地後先醇薄抑何謬悖哉不特其民然也其峙崒崿而流清泚前世所賞勝詠奇者亦若有涴湼封蔽澀縮而迴卻抱檄來者入其疆若氾旋渦陟危機心闞目眩蓋不覺溪山之入眼矣安在其居而樂乎非特不樂而已也未幾而思去既久邑邑若墜諸谷不得出於是剡之山川果

爲四方仕宦者所厭薄嗟乎山川則何罪乎吾師英麓先生人望之以爲樸茂誠篤君子也而令於剡愛先生者始無不以剡爲先生憂而難治者又或以非樸茂誠篤君子所宜處即望齡亦私慮之居無幾何聲翔聞流期月而浹及考而成萬口所喧列於薦牘考功受之厥有恩綸推所自始剡人舞手告語如譽於身如榮於家望齡詫而問焉先生何道而得此於剡也先生曰吾邑之父兄子弟實易與吾惟拙而已夫向所謂悍戾不可教諭之民而先生獨以爲易與向之譸張險側善謗讟其上者而親譽先生至閭其道則曰吾以拙而已然後知悃愊循常之果足爲治而剡之人民易曜於仁易遜於德不至如曩昔之所鄙傳亦見於是矣夫民樸而治巧如以造父之術調野鹿故下駭而上惡其難今剡之民樸而先生亦推而託於拙拙以馭樸是故上不煩而下不駭也民保

其樸先生成其大巧其相親譽不亦宜哉且先生之德於剡非一時賜其舉數十世詬惡之恥一朝而雪之剡山之高水之清洗滌芟蕪悉復其故訟希吏散仰面眺高頫面臨深腰墨佩銅傲然有隱處之樂非獨剡之父兄子弟恐先生旦夕遷擢以去先生亦安能不眷然於剡之溪山與所哺抱之民哉又孰與疲怠厭薄欲亟去之者也望齡先生之門人喜其政成幸其近而得於親見又高先生之政得於剡者爲尤難而著於此倘不遂擯斥尙隸史官當有所述矣

周太夫人壽序

昔海門子游於柯山諸生從者二十人酒酣海門子左右顧而言幸哉諸君子之事於道也蓋言所以事者諸生起對畢則請先生所爲海門子曰孝弟時海門子以賀萬壽節歸念母夫人年高將

拜章句養座下生退而言曰如先生所謂行有其言者乎既得請周旋子舍又五六歲弟子日進先生口所談論身所發揮滋益較著然大指不過孝弟兩言而已而太夫人齒亦愈高以萬曆乙巳稱九十先是望齡謝官秩歸謁海門子於剡剡諸生大會講堂以壽言爲屬既返越士之從先生游者若而人又以爲言望齡曰諸君亦知先生所以尊親之大乎有人於此襏襫而農也圭冕而公也其親則農之公之矣有人於此鄉人自謂也人謂之鄉人謂其親鄉人之親聖人自謂也人謂之聖人謂其親聖人之親鄉人聖人其親者其榮辱親豈直襏襫圭冕而已哉夫大榮大辱之介人情所明也然而不爲者未得其爲之方也有五穀於此襏襫而御之號曰王公之養所御有異哉所以御之者殊也盱江羅先生之言曰人不知道孝弟徒鄉士之次人能知道孝弟即聖人之大孝

弟五穀也或爲鄉人或爲聖人則御之者異也吾觀東京以降至於五代史册所傳獨行孝義其奇節至性相望先後世不乏人而聖賢不少概見及記言文王聖人之孝又特問寢視膳小文庸行而已以爲孝弟異耶聖凡同耶吾不知也斯民之生久矣皆以聖賢之人行聖賢之行而獨見聖賢之覺汶汶惛惛賢者安於鄉黨自好之節而不肖者爲戾爲逆爲妖爲沴使孩提不慮之良局鐍蒙羃無繇以自見夫身爲鄉人而戮其親爲鄉人之父母斯不亦悖德不仁之甚與當世之士皆知美仁義尊堯舜高推其名而不居其實故孟子曰仁之實事親是也義之實從兄是也堯舜之道孝弟而已矣世皆精言神化深極性命而不知神化性命之實故程子曰孝弟之道通於神明孝弟即神明非有二也知此者所謂覺也覺此者所謂聖也海門子其先覺者乎故燀湯調飯抑搔扶

持怡怡唯唯以其身行堯舜文王之道而不疑視其親爲堯舜文王之親而無所讓又願與當世共臻斯道油油然樂其我從也詩所稱孝思錫類其海門子之謂與太夫人設帨日在某月㓠俗上觴常以歲首諸君期以上元日集於先生之堂稱萬年壽夫正員月也望盈數也太夫人之年其如春方來月方恆乎夫遵先生以及其親諸君子之事師者厚矣若厚其身以共尊其親海門子之教也吾願與諸君子交勉之也

周海門文集序

望齡嘗聞諸達人明文武最盛修古業爲詞章者多矣而卓然可垂無窮者蓋鮮非獨無以加諸宋唐而鮮有及焉自陽明先生盛言理學雷聲電舌雨㓕雲施以著爲文詞之用龍溪紹厥統沛乎江河之既匯於是天下聞二先生遺風讀其書者若饑得飽熱得

濯病得汗解蓋不獨道術之是大明而言語文字足以妙乎一世明興二百年其較然可耀前代傳來兹者惟是而已會稽東海僻處也天下言文者以二先生故歸之若曰明文在焉達者曰二先生之文也非文人之文而文王孔子之文孔子既沒文不在兹乎蓋以當代而得二人焉以系千聖跨作者郁郁乎明文於斯爲盛越之爲越其亦幸矣海門子少聞道龍溪之門晚而有詣焉自信力故尊其師説也益堅其契也親故詞不飾而甚辯四方從之游者皆曰先生今龍溪也其門人某輩裒其答贈之詞刻之讀者又曰龍溪子之文曷以異諸望齡蒙鄙獲以鄉曲事先生受教最久舍而北來先生憂其日趨於艱僻莫知反也投之以藥言意甚苦具在刻中每展讀未嘗不慚愧汗下顧復自念古今之學術非二古人重言悟而今稍易之曷故哉沒人之教其子泅始必有憑之

者也浮囊也沉木也既蹈之不測之淵繫挈其藉而去之俾自力以出而子於是善游矣先生殆誘人而投諸淵乎見予而未見其奪故咸以爲易今學者仗成說滯故塗先生且轉而奪之吾烏知是編之不爲囊木也哉

贈施明府三捷考績序

明　喻安性

國家碁置郡邑吏凡以爲民而親民莫若令故令之於民猶乳保之於赤子饑寒疴癢動輒相關一念少忽則嘑號顛頓有百計求中其欲求回其怒而不可得者令之於民蓋可忽乎哉我父母施侯來令吾剡眞能以赤子視吾民而克盡乳保之任者方侯拜命輦轂下余正服官春曹見其恂恂呐呐若體不勝衣而言不出口者及諮諏利弊直窮源委竟日不休余時即爲鄉邦得賢父母慶已然猶意之也及敷政兩期當大計天下吏余從前垣後與聞典

計凡臺司之薦牘縉紳之評品以及輿人之頌歌罔不於剡治首推轂焉余時且爲賢父母得譽處慶已然猶耳之也逾年余備兵東粵銜命入剡境見草萊辟田疇易時和年豐諸田夫晉余而賀曰自侯之來含哺鼓腹者三年於茲已既入郊道路修廣輿梁屼建而迴瀾望稷之臺亦將次第告成四顧川原秀色增麗諸工技晉余而賀曰自侯之來廢興墜舉者三年於茲已既入邑梟唬屏息市井恬熙糧輸以時訟不終競官鮮追呼民不見吏諸耆老晉余而賀曰自侯之來家弦戶誦者三年於茲已既入膠門頹圮者飭漫漶者鮮士有課課之士無田田之延見有禮而一毫不可干以私諸章縫之士晉余而賀曰自侯之來金就範土就埏桃李成蹊者三年於茲已既又登侯之堂入侯之室心如水吏如木壁有蒲鞭案無留牘適趣於花鳥凝神於淡寞余再拜晉侯而賀之曰

此侯之學也此侯之所以爲政而爲四境士民之所儛忭而稱慶者也三年有成豈虛語哉鄉之士大夫以侯當奏最期謀所以侈侯伐者而屬言於余余不佞無能爲侈第述其身所睹記與夫父老弟子員之所謳誦者以佐宣盛美則可謂云爾已矣雖然祀河者先瀆渤祀嶽者先崑崙侯先大夫龍岡公以名儒出守毗陵造士育民治行爲二千石冠卽今碑之碣之俎之豆之佑啓方來艾侯今之治剡卽先公之所以治毗陵者也剡之士若民所以貞峴山之珉修南海之祝者視毗陵又豈少遜哉旦暮績奏於廷聖天子嘉與是能乳保赤子勤於爾國者是能光昭先德克於爾家者晉秩貤封成憲具在是天子方以剡民故推恩原本吾民親沐膏澤又何能忘瀆渤崑崙之遡耶故因鄉士大夫之請并及其所自者如此蓋亦不忘原本之意也

李文驥文集序

清　俞公穀

我友李文驥先生以清德隱剡之漁邨，著書自娛，幾忘其老。甲申六月中浣，其七十也，長公我張、次公我廉不以世之稱壽者壽其尊人，則鑄板鏤字，盡出先生著述《别華》《紫椹》《碧藕》之篋，問序於予。嘗見壽壽者譽美歌功，爭年籛趙，臧選絶代才人，使之操筆，求其文，皆不傳。其不傳也，所以傳者不足傳也。今則以必傳之詩文，分勒成集，德星堂中右對孺人琴清瑟麗，二子五孫咸英英飛翽，鳳之羽進，其生平得意書迭起稱觴，鬱爲紫氣，於陳太夫人親教之風，依依可得。以此言壽，上下千百年未始有矣。余浮沉閉門，時有剡曲風雲，遠來通徑，南望白榆，朗然映人，便思相約回山，輕舟獨棹，與結同年之社。

滋蘭詩草序

清　魏敦廉

滋蘭詩草者余友王子樸齋之所著也余年方垂髫與樸齋同補弟子員訂兄弟交嗣後共筆硏者十餘載每當曉烟夜雨秋月春花把酒聯吟嘯歌相答雖間有離合聚散之感而或一載或半載或數月輒往還過從素心無間焉孰意去春公車北上過余一別旣辭南旋蘇臺仙逝而聲音笑貌杳不可追耶且樸齋素性粹和涇渭在胸恂然不露圭角余意氣槎枒少合於世獨樸齋不以爲非余亦幸得爲韋佩焉回首當年失此良友此余之所以撫膺而長慟也樸齋好學多藝善書畫工篆刻下及醫卜堪輿之術無不曉操筆爲古今文雍容華貴寬博有餘駢體清俊寢饋六朝閒作小詞亦得花間草堂遺韻而尤工於詩風致纏綿詞華穠麗錦囊佳句非李長吉嘔出心肝者比也嗚呼以樸齋之詩擬之於唐近白樂天擬之於宋近陸放翁顧樂天放翁皆躋顯位享大年以榮

名終而樸齋僅列賢書年甫逾壯坎坷名途賫志以殁殁不於家命也如何可勝歎哉然東坡有云惟有文爲不朽與有子爲不死樸齋二子嶄然見頭角他日能讀父書無疑也而其著作又卓卓可傳如是是亦無憾矣詮次之餘且泣且慰爰題數行以綴其後

碑

褚先生伯玉碑　　齊　孔稚圭

河洛摛寶神道之功可傳嵩華吐秘仙靈之蹟可覩蓋事詳於玉牒理煥於金符雖冥默殊源顯晦異軌測心觀古可得而言焉是以子晉笙歌馭鳳於天海王喬雲舉控鶴於玄都亦有羽化蟬蛻韜影遁形神翥帝宮迹留劍杖遊瑤池而不返宴玄圃而忘歸永嘉惡道者窮地之險也歆竇過日折石橫波飛浪突雲奔湍急箭先生攀途躋阻宿柮涉折而衝飈夜鼓山洪暴激忽乃崩舟墜壑一倒千仞飄地淪篙翻透無底徒侶判其冰碎舟子悲其雹散危魂中夜赴阻相尋方見先生恬然安席銘曰關西升妙洛右飛英鳳吹金門簫歌玉京絕封萬古乃既先生先生浩浩惟神其道泉石依情煙霞入抱祕影窮岫孤棲幽草心圖上玄志通大造

同治志按宋書褚伯玉隱居剡縣瀑布山今所稱西白山也此文不甚切貼且多脱誤得毋剝蝕使然姑存之亦闕文之遺旨也

金庭觀碑文

梁　沈約

夫生靈爲貴有識斯同道天云及終天莫反故仙學之祕上聖攸尊啓玉笈之幽文貽金壇之妙訣駐景濛谷還光上枝吐吸烟霞變煉丹液出沒無方升降自己下棲洞室上賓羣帝都靈岳之縣啓見滄波之屢竭望玄州而駿驅指蓬山而永騖芝蓋三重駕螭龍之蜿蜒雲車萬乘載旗旆之逶迤此蓋棲靈五岳未暨夫三清者也若夫上元奧遠言象斯絶金簡玉字之書玄霜絳雪之實俗士所不能窺學徒不敢輕慕且禁誓嚴重志業艱劬自非天稟上才未易可擬自維凡劣識鑒鮮方徒抱出俗之願而無致遠之力卑尙幽棲屏棄情累留愛巖壑託分魚鳥塗愈遠而靡倦年既老

而不衰高宗明皇帝以上聖之德結宗玄之念忘其菲薄曲賜提引來自夏汭固乞還山權憇汝南縣境固非息心之地聖主纘歷復蒙縶維永泰元年方遂初願遠出天台定居玆嶺所憇之山實惟桐柏實靈聖之下都五縣之餘地仰出星河上參倒影高崖萬沓邃澗千迴因高建壇憑巖考室餝降神之宇置朝禮之地桐柏所在厥號金庭事昺靈圖因以名館聖上曲降幽情留信彌密置道士十人用祈嘉祉約以不才首應斯任永棄人羣竄景窮麓結懇志於玄都望霜谷於雲路仰宣國靈介玆景福延吉祥於清廟納萬壽於神躬又願道無不懷澤無不至幽荒屈膝戎貊稽顙息鼓輟烽守在海外因此自勉兼遂微誠日久勤劬自強不已翹心屬念晚臥晨興飱正陽於亭午念孔神於中夜採三芝而延佇飛九丹而宴息乘鳧輕舉留舄忘歸以玆丹款表之玄極無曰在上

日鑒非遠銘石靈館以旌厥心其辭曰道無不在若存若亡於惟上學理妙羣方用之日損言則非常儵焉靈化羽衣霓裳九重嶤屼三山璀璨日爲車馬芝成宮觀虹旍拂月龍輧漸漢萬春方華千齡始亘伊予菲薄竊慕隱淪尋師講道結友問津東探震澤西遊漢濱依稀靈眷彷彿幽人帝明紹歷維皇纂位屬心鼎湖脱屣神器降命凡庶仰祈靈祕瞻彼南山興言覆簣啓基桐柏厥號金庭喬峯迴峭擘漢分星臨雲置墠駕岳開欞磵塗蹇産林麓蔥青誰謂應遠神道微密慶集宮闈祥流罕畢其久如地其恆如日壽同南山與天無卒欒生變煉外示無功少君飛轉密與神通因資假力輕舉騰空庶憑嘉誘永濟微躬

龍宮寺碑并序

唐　李紳

會稽地濱滄海西控長江自大禹疏鑿了溪人方宅土而南巖海

迹高下猶存則司其水旱泄爲雲雨乃神龍之鄉爲福之所寺曰龍宮在剡之界靈芝鄉嵊亭里地形爽塏林嶺依抱刹宇頹毁積有年所自創置基三徙而安此地像儀消化鐘磬不揚堵波已傾法輪莫轉釋老修眞持誠茲寺護念常啓願興伽藍而歲月屢遷物力無及貞元十八載余以進士客於江浙時適天台與修眞會遇於剡之陽師言老禪有念今茲果矣顧謂余曰後當領鎭此道幸願建飾龍宮以資福履余以爲孟浪之詞笑而不答師曰星歲有期愚有冥告臮元和三年余罷金陵從事河東薛公苹招遊鏡曲師已臥病而約言無易太和癸丑歲余自分命洛陽承詔以檢校左騎省廉察於茲歲踰再紀而修眞已爲異物龍宮棟宇將盡命告墳塔因追昔言遂以頭陀僧會眞部領工人將以蕆事予以俸錢三百貫□□監軍使毛公承泰亦施以月俸俾從事僚吏咸

同勝因閭里慕仁風靡爭施予來之功力雲集清涼之蓮宇欝興浹旬而垣墉四周逾月而棟幹連合奐矣真界昭平化城擇修行僧居之以愬寺事因具香饌告誡法王上以資我后無疆之祚次以資龍神水府之福以名寺之功力爲祐靈之顯報一雨之施潤洽必同佛言龍王心力所致使七郡山澤城邑萬人介福所安翳我龍德是用迴此法力永資泉宮僧齋護念常爲仰答余固不敢以修真之言自伐俾竭誠以爲人刻石記言於寺之剎銘曰滄海之隅會稽巨澤維禹功力生人始耤土壤山墺濱海之東溟漲空闊邈祕龍宮貝闕難知珠宮莫測雲雨交昏深沉不隔聞法必聽依佛必降豈騰溟海亦化長江既資勝因爲龍景福節宣風雨以成播育撞鐘以告三界必聞維爾龍宮昭昭不昏我昔麻衣有僧傳信斯人已亡斯言不泯敬報前志以垂後功建飾儀相昭明有

融普利羣生罔資已力琢磨記言垂示無斁大和九年乙卯歲四月廿五日建

修學碑

宋丁寶臣

天之道運乎上地之道處乎下聖人之道行乎其中一物不生非天地之道一民不治非聖人之道自堯舜禹湯文武成康至孔子千餘年治天下者同其道也亂天下者異其道也剡令沈振初作學舍未及完而徙他官寶臣至則嗣而成之還殿於其中塑孔子像高弟十人配坐左右新門巖巖應門耽耽兩序翼翼中庭砥平合與學者春秋釋奠朔望朝謁於斯學也其可廢乎噫聖道與天地無窮天地毀則聖人之道或幾乎熄學其可廢乎

修學碑

宋王銍

嵊西南隅羣峯之麓下臨剡溪山川環拱氣象雄張有學焉慶歷

八年合丁元珍始加興葺宣和初燬於兵建炎元年令應侯彬建孔子禮殿三年春蜀郡范侯仲將崇廊廡備像因設其舊而廣大之又明年淄川姜仲開以學爲急又建學堂移殿廡與門南向致厚於學者靡不至也落成於紹興五年秋先王建學校匪在絃誦威儀以德行道義教養成就其材將以明師友之道世無師友道不傳也孔門答問獨於顔子告其大者子夏子張爲諸侯師子貢築室原憲棄仕所被者遠也孔子沒而學進者曾子也一以貫之許之以道矣曾子傳子思子思傳孟子所謂忠恕所謂誠明所謂養氣一也今夫辯足以使四方勇足以將三軍一爲不善不足以訶僕妾氣懾失據不在大也是未聞曾子子思孟子大勇乎學者顛窮齊致生死不變蹈道自樂至於沒齒不可一日廢其常心而已晉南渡王謝孫李支許之倫初過浙江爲剡中山水清放之遊

一時稱高尙曾不知邑東餘姚有諸馮之地舜所生也其北會稽之地禹所沒也舜禹功被萬世而有見於遺俗亦聞聖人之至德乎范侯峻明高爽健於立事姜侯剛明廉肅政在急吏寬民人大化服郁郁然洙泗之風矣儒學爲吏師政事出經術戎馬之間力興學校知急所先所爲卓矣俾刻於石知所勸焉

顯應廟碑　　宋　樓　鑰

剡壯縣也兩火一刀自古記之晉宋名勝遺跡至多地以溪名以溪上之山水俱秀也邑城之北山圍平野溪行其中至四十里所兩山相向愈近剡之水易於暴漲者以此然水口氣聚所以爲壯縣也西曰嶀山巨石突踞水上其下曰嶀浦巖壑奇聳尤爲勝絕溪多積沙深淺不等惟此數里間淵渟澂澈不知爲幾尋丈潭在石下爲羣魚淵藪相傳中有神物無敢觸犯亦險絕之地也上善

濟物侯廟貌像嚴毅夙著威靈據山瞰溪稱其爲神明之居其溪通曹娥大江山爲台越孔道舟車所經無不致敬吉凶響答求夢尤應遠近以雨暘祈禱蒙賜爲深時節報謝者相踵畫像以祀於家者皆是也駱氏世爲廟史有吳越時公牒稱陳長官祠嘉祐七年鄉貢進士何淹爲給事郎太子中舍知縣高安世作紀云侯姓陳氏爲台之仙居令始過此陰有卜居之志秩滿舟覆於下拯之復溺死焉自爾靈顯民遂祀之天福初有神兵之助而受此封然酈道元之注水經出於後魏已言嵊山北有嵊浦浦口有廟甚靈驗行人及樵伐者皆先敬焉若相盜竊必爲蛇虎所傷則廟已古矣况台州樂安縣五代時改爲永安至皇朝景德四年始改爲仙居不應石晉之前已有此名豈侯實爲永安縣令後人誤承仙居之名耶正如磁州崔府君國家奉之甚嚴會要以爲後漢之崔子

玉孝宗皇帝聖德事蹟謂賜名從玉蓋以始生符瑞默契其名而
昭陵實錄乃爲貞觀中滏陽一縣令也幽冥之事不可究知傳記
亦有謂靈祠間有以剛方之士代之者惟其血食有素授職於朝
故封爵之報與臣子不殊也建炎元年金兵入越欲犯邑境以神
之威不戰而退乾道嘗賜香茗之奠今丞相大觀文謝公布衣時
由丹邱赴南宫神已告之富貴之期是舉登科作尉此邑事之尤
謹公既登樞筦脩職魏君必大率邑人以加封爲請慶元賜廟額
曰顯應公之力也魏君年及八十爲一鄉之老既募衆力新其祠
而鑰之子濂適爲丞介以請記惟神之姓氏勳績著聞已久濂又
能道祠宇祈禬之詳且將捐私財刻石并爲記之脩廟之役劉令
君槃先以十萬錢市材魏君以宰木助之周令君悦取以建殿宇
始於慶元四年十一月成於六年六月而經始者魏君也

邑令佘洪道愛碑　元方回

昔言子游宰武城夫子過之聞絃歌而莞爾子游以聞諸夫子者對曰君子學道則愛人小人學道則易使也古之人琴瑟詩書不離左右以學夫道君子治人者也子游之身與邑之士大夫皆是也小人治於人者也邑之百姓是也子游身自絃歌率夫邑之士大夫與百姓無不手絃口歌家琴瑟而戸詩書君子以此道愛乎可使之民而民以此道事乎愛巳之君子此古儒者之政以治天下可也而况一邑乎益都佘公自福建省理問所官尹越之嵊縣儒其政者也道之見於愛者其大有三元貞二年丙申秋下車越歸職方二十一年矣未科夏稅上司科夏稅自明年丁酉春始公建言省咨元行初江西以省斛較文思院斛民多納米三㪷奇故免夏稅用此例絹一疋該米三㪷奇準時價中統鈔可兩貫奇亡

宋景定四年癸亥内批以越罕蠶夏絹一疋折納十八界會十二
貫永遠爲例故碑具存時十八界會一貫準銅錢二百五十文十
二貫計銅錢三貫向者欽奉先皇帝聖旨亡宋銅錢三貫準中統
鈔一貫今欽奉聖旨浙東等處夏税依亡宋例交納則絹每疋合
準中統鈔一貫爾公力持此二説請之府上省未報公又獨申言
於右丞馬公紹趯公説省劄下酌公請越夏絹一疋準中統鈔二
貫他郡率三貫民無不感此道之見於愛者一也公曰未也今惟
田科糧絹差役而山與地不科非古法諏於衆援舊合史安之例
爲魚鱗籍酌步畝土色減田之所科均之山若地且一洗産去税
存詭飛暗寄之弊此道之見於愛者二也秋糧以布代輸舊比邑
輸布一萬二千奇大德二年戊戌秋已輸五千二百奇俄以淮郡
旱蝗改徵米隣郡布皆退公輕身詣府力言不便已入庫布免退

尙當起米三斤碩奇公謂灘險嶺峻民疲乞捲留備邑春歉民又便之此道之見於愛者二也然皆愛之根於道者爲之其大者亦有三學廟久圮公每奠謁必督率葺治宏麗倍舊季孜月講罔不謹而儒庠與首創二戴書院表章先賢而儒風勵三年己亥夏他郡拘文以儒充里胥公獨曰夫子之道垂憲萬世詔旨也訖不役儒而儒戶安公天性剛正健決廉介而好學以己之好學而欲邑之士大夫無不學故爲政必自儒學始公於是邑發軔而措之廟朝受道愛之賜詎止此哉邑人伐石請書公偉績樹之講肆名曰道愛之碑而以教諭劉悌來言如挫豪強戢虓暴盜弭訟清吏畏卒悚皆道愛之實績如禱雨卽應禳螟不蕃蠲社壝禝壇飭鬼神祠備禮器應禮典亦道愛之餘事既爲文又詩之公名洪字仲寬年甫四十九詩曰惟剡劇邑治劇不難民心之服民力之寬儆徵

夏稅統幣准絹寬民之力匹准貳券不地不山專賦於田寬民之力山地均焉緝麻爲布以代輸糧寬民之力免於更張儒庠之興儒風之勵儒戶之安惟根有秩學以知道道以愛人惟尹也學道愛及民道爲愛本愛爲道用惟尹之心以儒爲重尹也朝矣匪剡敢私千古不磨道愛之碑

王貞婦碑

元李孝光

王婦者夫家臨海人至元十三年王師南王婦夫舅姑俱被執師中千夫將見王美麗乃盡殺其舅姑與夫而欲私之王婦憤痛卽自殺千夫奪挽不得死責俘囚婦人雜守之婦欲死不得間自念當被污卽佯曰若殺吾舅姑與夫而求私我所爲妻妾我者欲我終善事主君也我舅姑與夫死而我不爲之衰是不天也不天君焉用我爲願請爲服期月苟不聽我我終死爾不能爲若妻也千

夫畏其不難死許之然愈益置守明年春師還挈行至剡水上守者信之滋益懈過上青風嶺婦仰天竊歎曰我知所以死矣乃嚙拇指出血寫口占詩山石上已南向望哭自投崖下以死或視血則血漬入石間盡已化爲石天且陰雨復見血墳起如始日當是時后妃嬪媛不死之三公九卿不死之郡國守邊大吏不盡死之而貞婦獨守死下從舅姑死與夫獨何仁也夫人秉彝之性靡不有乃匹夫匹婦出之遂以驚動萬世若人人慮此則金湯不足喻其固矣鈇戟不足喻其強矣志士仁人不足喻其知矣何有去國僨家之憂彼貞婦何爲者顧奮爲烈丈夫之所不必爲彼宜爲而有不爲悲夫至治間其邑丞徐端爲起石祠樹碑祠中以旌其鬼焉余曰始吾見長老言貞婦所從死不能悲也後身過其地見拇血化爲石追念貞婦決死時徬徨悲傷不能去豈其鬼未泯向猶

感人吁嗟乎匹夫匹婦顚沛流離誠能動天如此夫天豈遠人哉天豈遠人哉

前志作王烈婦傳攷越中金石記額曰王貞婦碑碑存紹興府學高五尺四寸廣三尺四寸元至正中旌曰貞婦明萬歷十三年改題宋烈婦祠李孝光撰碑時猶未易謚也宜仍舊額

朱公德政碑

明　呂光洵

傳稱古今循吏惟漢文翁召信臣最著文翁之治蜀也以教作士召信臣之治南陽也以水利民當漢時蜀去長安遠地僻猶有蠶叢魚鳧之遺風文翁治之誘之以文學招民間秀異爲學官子弟親自飭勵或遣詣京師受業博士買刀布齎計吏以遺博士數歲蜀子弟皆明經飭行斌斌比齊魯矣召信臣治南陽郡爲民興利時時行視郡中水泉開通溝洫起水門隄閘凡數十處以灌注作

均水約束刻石田畔以防分爭其化大行郡中莫不力田孝友民稱召父云夫循良之政亦多矣惟水之利與教化之功久是以古今稱循吏曰文翁曰召信臣顧不偉歟嵊古之剡縣也在紹興東其民夥其政繁近爲政者多蔌蔌鮮知先務之爲急故其政龐而民不附今朱侯之治嵊也比及三年政成而士民懷之今年夏還南京光禄去諸文學謀於其師王公天和請狀侯政教乞余言以昞後政乃又介余姻友舉人張君希秩王君應昌來速其所稱述如王公狀狀言朱侯始至視其縣治俯江流而居其左曰是風氣之攸鍾也宜斯文之振振仍仍無替於昔也諸文學咸曰縣治無改於舊而江流之環於左右者非舊也江流舊自西而南南而迤東以北旋於四隅秀淑之氣凝焉人文滋盛時若王右軍姚太師父子昆弟俱以文章著稱鉅邑焉自夫江流之徙而南也直趨以

東於是人文漸不逮古矣侯乃升高以望曰信夫如文學父老言遂鑿渠增隄引江流復其故道詹者曰嵊之人文必且復盛如往昔矣侯曰是地道耳其務修人道乎於是聯諸文學之秀異廩餼於別館比其文藝日試而程之更道以德業諸文學莫不兢兢自奮於文行蓋蔚然可觀已萬曆癸酉士舉於鄉升於春官者二人焉蓋近所未有也由是士歌於校民謳於野曰吾侯其古之循政與寧獨勸學利水已乎凡其視經籍緩征徭謹刑罰汰冗費明禮教以厚民俗者多可書請書其大者以係吾民之思予乃書而爲之辭曰維古剡邑居越之東江流迤邐風氣攸鍾維時人文既秀且崇維時江流東南靡常悠悠百載靡遘其昌維時令尹厥謀惟臧鑑於往蹟是經是營名曰休哉宜亟爾工乃迴其瀾既順既從協於休祥人文之光三秀弈弈合闈煌煌感是令德宜誦宜颺攻

兹貞石嚳宫之旁維百千祀永矢弗忘

王教諭天和去思碑

明 張元忭

嵊諸生數十輩持所編政教遺思錄造余拜而請曰此吾邑人爲吾師芙山王先生作也先生司教於嵊者九載視邑篆者三月其德澤被於人無久近無不心戴之者陞南安郡博以去吾士民欲挽其行而無從也敬邀子一言勒之石以永吾師余閲其編列王君善狀凡十有八其大者則禮書之布也士氣之培也孝節之旌且有贍也郤苞苴也具祭器新膠門也恤民之災緩催科平聽斷也正民之俗喪者不茹葷誕女者不溺也余閲之敬歎曰有是哉王君之善教與善政其兼舉矣乎則又謂諸生曰王君之學其有本乎夫教與政非二也古之君子其修之於身推之教與政者皆不外乎禮故其學出於一而用隨試而輒效蓋孔門言仁其要在

復禮教人諄諄以禮爲訓而極之爲國以禮然則修己治人一本乎禮豈非孔氏之家法也歟余少也竊嘗學禮惟於喪禮有不忍及也甲戌秋斬焉衰絰乃始讀喪禮不能無悔於心且禮所載殆有疏而未備者有疑而難通者猶不能無疑於心已乃得王君所訂禮書讀之而有所取衷焉余是時固已向往王君久之詢其行於嵊之人士嵊之人士數其事而余獨窺君深則知其所致力者固自有在政教之施特其緒餘焉耳蓋君爲雙江東郭兩先生之高弟嘗從事陽明子之學矣陽明子之始而揭良知以覺人也謂良知盡於約禮是豈徒談妙悟而畧躬行者哉迨其後則爲說幽渺而愈令人惝恍而不可究詰甚者蕩於禮法之外而藉口於解脫則重爲斯道病矣君既有會於良知之旨而痛挽末流之弊其始司教於嵊也輒慨然曰學莫先於禮舍是則何以爲教故首爲

禮書以示之而躬敦行以爲諸士先凡君之所以爲教者有一不由於禮者乎已而受檄視邑篆也又慨然曰治莫先於禮舍是則無以爲政故惕惕焉勵官箴重民事振廢舉墜凡君之所以爲政者有一不由於禮者乎夫君之學一本於禮而施之教與政隨試輒效視彼空談鮮實者爲何如斯可謂有功於陽明之門不畔於孔氏之家法者也豈獨有遺私於一邑而已哉君名天和字致祥吉之永豐人也勒是碑者爲張生籍尹生紹元袁生日新周生夢秀夢斗宋生應光王生應昌張生希秩而碑之建爲萬曆七年歲次己卯四月之吉

惠獻祠碑記

清提督裴 鉽

世有非常之人然後有非常之事有非常之事然後有非常之功夫非常之人豈易得哉必聖人在位而天生申甫以翊贊之定社

稷建殊勳炳炳烺烺爲一代之偉人傳之不朽我聖祖仁皇帝繼統立極德洽中外仁育臣民其使藩服也異數殊恩備極優渥乃有逆賊耿精忠等自外生成合謀蠢動弄兵潢池康熙十三年甲寅命將出師分路征討授鉞於寧海將軍固山貝子福公翦除耿逆貝子玉牒忠賢天生仁勇督兵赴閩由台溫一路進發審敵機宜身先士卒算無不勝戰無不克盡瘁以忠王事先是紹郡之嵊縣地方賊寇金國蘭胡雙奇邢其古楊肆王茂公趙沛卿等窺閩逆倡亂乘機竊發賊首邱恩章俞鼎臣散給僞劄潛謀肆毒貝子察知預留勁卒千名與知府許洪勳殫力剿撫未幾邢其古等以趙亦賢爲內應突入縣城焚毀縣署倉庫肆行劫掠閭閻驚逃貝子檄叅將滿進貴訓以方略斬戮百餘賊城池得保無虞而賊寇僞官胡雙奇金國蘭分劄縣之北鄉蹂躪村民石山頭官莊一帶

尤遭流毒士女避入山谷貝子飛飭文武各員密約分擊賊始奔竄至蔡山灣九里泉等處蟻聚蜂屯巽懦觀望官兵協力進剿執賊金國蘭梟首東郊邢其古赴軍前約降貸其死歛還所掠婦女使寧家而流賊俞鼎臣猶慫不畏死糾集黨羽沿江恣行虜掠叅將滿進貴守備周鳳凜奉軍令會同嵊縣知縣張逢歡把總馬國常帶兵由仙巖攻入知府許洪勳守備滿明侯帶兵進大洋嶺會合殺賊楊肆金光大伍大全蔣聲生禽董文昌董茂二名爲招撫並念民人久驚鋒鏑深可憫恤令知縣張逢歡加意撫字咸慶更生是日斬賊七百餘級獲軍械無算詎釜底遊魂邱恩章復嘯聚於嵊之貴門山嶺賊黨趙亦賢賊首王茂公等與之合貝子曰賊徒未靖民何以安第彼衆我寡祗宜智取毋以力敵乃密囑叅將滿進貴知府許洪勳以北路賊勢已平佯爲班師張樂讌飲若不

設備也者至夜分兵三路銜枚襲擊賊衆驚自天降手足無措賊黨王税等賊首邱恩章等九十一人悉就戮貸脅從周明良等二百餘人使之自新嘻合公之仁威武侯之妙算殆不是過自是而溫台諸路悉已蕩平耿逆就縛地方俱獲安堵而貝子則神遊紫府矣九重優卹之隆哀榮備至錫謚惠獻用彰非常之功壯猷載在方策直與日月爭光有令人謳思弗替者今天子聖神文武重熙累洽郅治之隆媲美堯舜畀貝子之後賢鎮國將軍德公節度閩浙經濟文章燦然具備重蒙俞旨奉貝子神主崇祠名宦並入賢良天台嵊縣閩中諸處各有專祠士民奉祀維虔久而彌篤是非德澤之入人者深焉能致此予不文何能紀其盛烈以貽掛一漏萬之誚乎顧寧距嵊較近文獻足徵雖樵夫牧豎猶稱述不忘而予忝任提封高山仰止匪朝伊夕烏可無一言以揚其芳徽而

井自砥礪耶爰操筆而爲之記周鳳凜凜字恐係標字之訛

惠獻祠碑　清魯曾煜

嵊爲越支縣而自錢塘浮西陵渡徑於越絕曹娥江而東必由是假道焉以達於臨海郡而後之東甌迴泝登頓道狹多阻是爲東越之重蔽而居艮維漢元封初樓船將軍出武林攻東越者蓋道此而東越發兵距險使守武陵者亦此道也清康熙十二年耿精忠反閩越既西陷衢之常山諸縣乘勢蹂東甌長木之標天台黃巖仙居以次淪寇域而震於其鄰實逼處嵊嵊多窮鄉篝火狐鳴往往與相應和於是乘城者以攻城告北道諸邨保以焚掠告西道之貴門山又以剽奪告蠢蠢焉人莫必其命當是時寧海將軍固山貝子聞章安警方董師往狥之而取漢樓船攻東越古道道嵊知狀則曰鼠子敢爾以大敵在前吾弩千鈞必不爲鼷鼠發也

雖然圖大於其細可芥視耶以勁卒一千隸參軍滿進貴方略教導并指畫山川要害處命與郡守許宏勳好爲之文武吏胥用命凡三與賊遇而殺其僞將五人降二人就擒者二人斬首七百餘級械資如山有吉語聞貝子喜曰寇可盪矣然禽困覆車愼勿與鬭力也令僞若退師者各取酒張坐飲而設樂以賀戰勝中酒則銜枚襲之是爲貴門之戰賊大首自邱恩章以下凡九十人率坐縛無一脫者駢斬以徇而宥其黨脅二百餘根株薙獮走伏路斷嵊人乃以首搶地望貝子遙祝曰更生更生伏惟貝子以華蓋之金枝擁上游之玉帳其膚功在閩越其籌勝在臨海在東甌烏巖之尾則狄武襄之奪崑崙也西山之屯則李長侍之扼泂曲也石塘之攻則鄧征西之縋陰平也維此嵊邑道塗所經未遑信宿然而碑在人口於今不衰易不云乎重門擊柝以待暴客蓋取諸豫

以嵊之蔽東越也癬疥有疾失時不治則並潰漏發五管指天彼且鴟張我且狼顧至於狼顧而師之居上流者支左詘右備多力分入閩之期曠日持久魚則遊釜燕乃笑堂救溺者趨豈應若此是故貝子之早計雖以張睢陽蔽遮江淮之功況之匪汰也今嵊人離湯火且七十年矣其老者如痛定之思當痛其少者以所聞逮所傳聞雖豐碑桓楹已卓道左而棲神蕭寺或匪憑依循甘棠之芟舍謀庚桑之俎豆相方視阯以諏以龜在城東維厥既得卜屬役賦功邪許自倍麗譙有睍祭有堂繹有祊納牲有庭左右俠配食有序明宮齋廬品式俱備顏曰惠獻祠從厥謚也既告成事都人士禮拜祠下仰榱棟而俯几筵念貝子以勞定國以死勤事既已銘書太常發蹤指示爰自嵊始尸而祝之實應祭法而使金堤勿潰蟻穴其不惟嵊之爲抑稽陰閭千巖萬壑胥安堵焉都人

士其又敢忘賜傳有之公侯之子孫必復其始今制府膺天子命爲諸侯師閩嶠江濤橐兜戟纛昌黎碑曹成王所云王亦有子處王之所者也此之謂不朽豈特世祿家之守宗祊而已歎仰之不足乃敍次功狀於繫羊豕之石而綴以詩曰閩爲鴟鴞張厥嘴距跳我東甌以掊牖戶黑雲壓城赤熛失據嵊小而逼墮三里霧西鄰北管奪釜中路我公天威大師相遇米聚山川塵知敵數計定後戰以指畫肚犄之角之三捷彌怒大鏖貴門覆取山下衿甲坐縛阬塞蹊杜魚鼈歡聲剡溪嵊浦甲子終矣如旦且暮祭於大烝司勳有故鹿胎之山飄兮靈雨益東從屯大啓爾宇其筵肆肆維物牲具封羊繫豕烹葵采瓠並走羣望春秋卽序神無不之以篤我祜

金潭雙溪洞橋碑

清　徐大酉

雙溪發源於東陽條山葉水谷澗滙合抵雙溪而成巨浸其上有龍湫噴瀑數十仞雷霆不時潭水暴溢奔騰駭突顛倒魚鼈出没鳧鷖不可名狀舊架木橋以利津涉椓杙於石隨沙漂汨朝置夕圮冬涉過臍夏潦滅頂行者賦苦葉引箜篌矣明經錢公諱珍居長樂去雙溪十五里聞而憫之謂木橋建置非所以圖永久也夫纍石而步則深不可矼鑿石而梁則廣不可杜若編石而跨之方上銳下石齒相嚙愈墮愈堅矣故虹橋之式豎峯背平銅駝勒踣虒乎鐵馬山澤之國水利利之經費之浩繁吾當獨任焉議既成而錢公歿遠近失望嗣君名釗躬在苫塊慨然痛先志之未就素屨素裳跋履隄岸據衝要之繁會控濤瀧之合趨仍幢浦之砥堅相犖确之樸屬鳩工量材度其高廣而起事焉始道光元年七月日閲二年十月十日訖工計水門之高者七丈有奇廣殺之橋之

長十丈有奇廣二丈厚稱之隄左右甓以巨石橋左右翼以扶闌澄流下俯食鱗半橫沙明而水碧翼乎斷雲之入峽纖乎殘虹之飲川娟娟乎新月之偃波貼貼乎覆舟之藏壑也橋北創武肅廟剏故王之裔胄肇自強弩發機鴟夷斂跡保障之惠垂十四州王之精爽天地昭焉茲橋之建在王子孫則夫藉鐵券之威永鎮河嶽俾向之秘怪怳惚蜿蜿蜒蜒者鱗飭而讋慴安瀾而效順於義宜祀廟外爲茶亭以飲渴者義漿所滋醴源無竭綜厥支費共萬有餘緡工報竣諏吉於其年之十有二月六日割牲而祈之剏載其先君子栗主履橋道而告成事焉嗚呼此可見仁人孝子之用心矣抑是役也金潭文學過庭訓實克勸之以考工力之勤惰酌出納之盈耗故事速而功倍況天樞要作限通塞道濟慮騶羣於岡阜并規畫形勢書之略節以授記於余余維宋文憲公爲廣濟

橋記昔蔡襄記萬安渡石橋不過百二十二字葉正則作利涉橋記乃六倍之余斟酌其繁簡而爲斯記古人爲文動有規則余何敢承惟是東陽東界於嵊玉山之市於長樂諸鄉者屢相掣也吾以其碑諸口者口諸碑焉而已

惠雲菴茶亭碑　清　竺虞佐

惠雲菴者處士張公繼室儲氏承夫志而置也公諱懷禮以此地上通古明州下達蠡城旁連台與婺往來雲集盛夏五六月人鬱鬱坐甑中擔負者冒熱中惡僵臥道路旁不絕洎乎隆冬朔風加厲旅客膚革如蝟縮得少許薑茗何減醍醐而卒莫之給爲惻然者久之議定建菴施茶以加惠焉功未肇尋卒衆謂是舉虛矣氏撫遺孤及孫皆未及成立即慨然曰吾夫有惠心而不蕆厥事地下目必不瞑是未亡人責也立飭材鳩工於乾隆甲辰年經始越

明年落成并捨田若干畝爲持住新水薹菽費予每經其地輒心儀不忍置以爲當世巾幗者流見夫施什伯於緇林卒敦勸若不及及欲行一濟人事不出口相勉勸又阻之交讁焉者皆是也是雖有所施舍希冥福耳何惠之可言氏婺也子幼孫復弱煢煢無告自治或不暇給獨委任良工成茲惠舉置產立規可及久遠以終遺志是眞能同厚於仁不死其夫者詩曰釐爾士女言女而有士行也其是之謂歟今氏卽世三十餘年矣長孫基聖亦繼殞少子開宗暨曾孫國安等因懼先志之或湮而持住人亦怠且玩謀書其事於石而丐言於余余固嘉氏之善成事而并嘉張處士後人能不朽其先也是爲記

墓誌銘

單君範墓誌銘

元戴表元

吾剡源有爲明經之學者單氏諱庚金字君範與余俱以詞賦行州里間有名既不得志於貢舉卽去而他游庚午秋余叨太學薦送兩浙漕運使者亦以君範名聞明年春余成進士君範竟守毋喪居廬待甲戌歲始來就南省別試所乃見黜免於是歸隱剡源晦溪山者三十年日夜取古聖賢經傳遺言洗濯磨治家無贏餘口不道營殖面不帶憂惱飲水茹蔬客至閉門清言款接忘倦蓋直以德義自給者而余解棄官守攜持老稚晚方徙依君範同鄉而居每見之未嘗不內媿也君範卒且葬其孤以事狀來徵銘按單氏之籍自婺還明奉化凡三枝居湖三枝稱會稽理曹掾德居居下郝枝稱鄉貢進士淵而晦溪枝稱君範曾祖光喆祖大年父

欽字崇道世醇儒君範知讀書崇道公輟衣食用以供師姚龔氏尤賢明遊學資費取之簪珥無吝惜著有春秋二傳集議等書嗟夫君範惟無利祿得喪於心故能善其道全其身若合得一下士之秩碌碌馳驅塵土中終復何所成就令居産能致千金裝孰與清素傳子孫之爲安然君範性謙曠非他人能商畧利害爲避就往往大山長谷故家遺俗風聲氣澤陶寫停積而然平生某年月日卒某年月日壽六十七娶吳氏子男二以某年月日葬葛竹山兆穴手自銓製蓋於地理家亦精其奥矣銘曰大山嶙嶙長流沄沄是爲晦溪明經處士之墳百世之下寧無知者勿躪其石勿剪其櫝湖三疑有訛

祕閣校理丁君墓誌銘附錄

宋　王安石

朝奉郎尚書司封員外郎充祕閣校理新差通判永州軍州兼管

內勸農事上輕車都尉賜緋魚袋晉陵丁君卒臨川王某曰噫吾僚也方吾少時輔我以仁義者乃發哭弔其孤祭焉而許以銘越三月君壻以狀至乃敘銘赴其葬敘曰君諱寶臣字元珍少與其兄宗臣皆以文行稱鄉里號爲二丁景祐中皆以進士起家君爲峽州軍事判官與廬陵歐陽公游相好也又爲淮南節度掌書記或誣富人以博州將貴人也猜而專吏莫敢議君獨力爭正其獄又爲杭州觀察判官用舉者兼州學教授又用舉者遷太子中允知越州剡縣蓋其始至流大姓一人而縣遂治卒除弊興利甚衆人至今言之於是再遷爲太常博士移知端州儂智高反攻至其治所君出戰能有所捕斬然卒不勝乃與其州人皆去而避之坐免一官徙黃州會恩除太常丞監湖州酒又以大臣有解舉者還博士就差知越州諸暨縣其治諸暨如剡越人滋以君爲循吏也

英宗即位以尚書屯田員外郎編校祕閣書籍遂爲校理同知太常禮院君質直自守接上下以恕雖貧困未嘗言利於朋友故舊無所不盡故其不幸廢退則人莫不憐少進也則皆爲之喜居無何御史論君常廢矣不當復用遂出通判永州世皆以咎言者謂爲不宜夫毆未嘗教之卒臨不可守之城以戰虎狼百倍之賊議今之法則獨可守死爾論古之道則有不去以死有去之以生吏方操法以責士則君之流離窮困幾至老死尚以得罪於言者亦其理也君以治平三年待闕於常州於是再還上書司封員外郎以四年四月四日卒年五十八有文集四十卷明年二月二十九日葬於武進縣懷德北鄉郭莊之原君曾祖諱耀祖諱諒皆弗仕考諱東之贈尚書工部侍郎夫人饒氏封晉陵縣君前死子男隅太廟齋郎除隮爲進士其季恩兒尚幼女嫁祕書省著作佐郎集

賢校理同縣胡忠愈其季未嫁嫁胡氏者亦又死矣銘曰

文於辭爲達行於德爲充道於古爲可命於今爲窮嗚呼已矣卜

此新宫